# Management in der Sozialwirtschaft

*Kompakt!*

*2. Auflage*

Michael Mroß

ISBN-10: 1530067804
ISBN-13: 978-1530067800

# Management in der Sozialwirtschaft

*Kompakt!*

***2. Auflage***

Prof. Dr. Michael Mroß
Lehrgebiet Sozialmanagement
Technische Hochschule Köln

# VORWORT

Mit dem vorliegenden Text wird der Versuch unternommen, dem Wunsch vieler Studierender zu entsprechen, eine kompakte Begleitlektüre zur Lehrveranstaltung Sozialwirtschaft an die Hand zu bekommen, die an Anfänger gerichtet ist und keinerlei Vorkenntnisse voraussetzt. Damit verbunden ist unweigerlich eine bewusste Verdichtung der Inhalte auf das Wesentliche. Für einen tiefergehenden Einstieg in die jeweiligen Themen, sei daher z.B. der Literaturhinweis am Ende eines jeden Kapitels empfohlen.
Eine weitere Herausforderung bestand für den Verfasser zudem darin einen Text vorzulegen, der sich zwar überwiegend mit wirtschaftlichen Fragestellungen beschäftigt, aber eben nicht in erster Linie an angehende Wirtschaftswissenschaftler gerichtet ist. Rückmeldungen darüber, inwieweit dies gelungen ist, sind herzlich willkommen.

Die vorliegende 2. Auflage wurde vollständig durchgesehen, aktualisiert und inhaltlich überarbeitet.

Michael Mroß

Köln im August 2017

# 1 Management und Sozialwirtschaft

## 1.1 Historische Entwicklung der Sozialwirtschaft

Dass heute (sozial-) wirtschaftliche Überlegungen im Zusammenhang mit den Arbeits- und Handlungsbereichen der i.w.S. Sozialen Arbeit bzw. des Sozial- und Gesundheitswesens diskutiert werden, ist das Ergebnis einer jahrzehntelangen Entwicklung, die sich grob in mehrere Phasen untergliedern lässt:[1]

Der Ausgangspunkt des heutigen Systems kann im 19. Jahrhundert angesetzt werden, als - überwiegend aus religiösen Gründen - erste freiwillige, zumeist unprofessionell Engagierte sich der im weitesten Sinne „Benachteiligten" annahmen. Dem folgte quasi als 2. Phase zur Zeit der Weimarer Republik die Gründung von Wohlfahrtsorganisationen und staatlichen Sozialstellen in Form von Jugend-, Sozial- und Gesundheitsämtern.

Mit Ende des 2. Weltkrieges vollzog sich in der Bundesrepublik als 3. Phase der Aus- und Aufbau des Sozialsystems, wie es überwiegend auch heute noch vorherrscht. Es ist charakterisiert durch einen so genannten Welfare-Mix von hauptsächlich öffentlichen und gemeinnützigen Trägern (Freie Wohlfahrtspflege, s. unten). Wirtschaftliche bzw. ökonomische Erwägungen spielten in dieser Zeit keine ernsthafte Rolle. Im Gegenteil, diese Phase ist geprägt durch eine bewusst deutliche und zum Teil ideologisch aufgeladene Abgrenzung zu erwerbswirtschaftlichen Organisationen und deren Denkhaltungen und Methoden. Spätestens mit Beginn der 90er

[1] Vgl. folgend Maelicke (2009, S. 703f.)

Jahre verschärft sich die gesellschaftliche und politische Kritik an der Leistungsfähigkeit und Finanzierbarkeit des gegebenen Sozialsystems derart, dass zunehmend Lösungsansätze aus dem Management- bzw. Wirtschaftsbereich herangezogen werden. Für die heutige Situation ist daher treffend festzuhalten:[2]

> „So ist zu Beginn des 21. Jahrhundert festzustellen, dass historisch oder weltanschaulich oder sozialpolitisch begründete Abgrenzungen des Sektors sozialer Dienstleistungen von der gesamtvolkswirtschaftlichen Entwicklung nicht mehr aufrecht erhalten werden können. Die Kriterien Non-Profit-Orientierung und Gemeinnützigkeit erweisen sich für die erforderliche Herausbildung einer eigenständigen und zukunftsfähigen sozialpolitischen Konzeption und Dienstleistungsstruktur nicht mehr als genügend tragfähig. Es geht nunmehr darum, Gemeinsamkeiten aber auch Trennendes zwischen For-Profit-Organisationen, Non-Profit-Organisationen und Sozialwirtschaftlichen Organisationen genauer herauszuarbeiten mit dem Ziel, für die Nutzer/Kunden eine bestmögliche Dienstleistung zu einem möglichst günstigen Preis verfügbar zu machen."

Heute wird vor allem in der sozialwirtschaftlichen Praxis kaum mehr ernsthaft in Frage gestellt, dass die Hinwendung zu betriebswirtschaftlichen Steuerungsansätzen einen elementaren Bestandteil der Sozialwirtschaft darstellt. Am Horizont zeigen sich mit der auf europäischer Ebene geführten Diskussion um das so genannte „Social Entrepreneurship" (Soziale Unternehmertum) weitergehende

---

[2] Maelicke (2009, S. 704)

Entwicklungsperspektiven auf.[3] So treten „Social Entrepreneure“ mit dem Ziel auf, den Widerspruch von ökonomischer und sozialer Orientierung zu überwinden und mit privaten unternehmerischen Ansätzen ohne staatliche Unterstützung soziale Projekte umzusetzen.

Im Zuge dieses einleitenden Kapitels gilt es neben terminologischen Grundlagen zunächst ein Verständnis für den institutionellen Rahmen aufzuzeigen, in dem sich das so genannte „Sozialmanagement“ bzw. das Management in der Sozialwirtschaft bewegt. Dazu wird im Weiteren der Management-Begriff in seinen Grundzügen eingeführt. In diesem Zuge fällt der Blick unweigerlich auf die Einrichtungen und Träger der so genannten „Freien Wohlfahrtspflege“, die den Gegenstandsbereich der Sozialwirtschaft, und auch beachtliche Teile des Nonprofit-Sektors nach wie vor prägen.

## 1.2 Management – Elemetare Klärungen

### 1.2.1 Begriff und Funktionen

Der Managementbegriff hat seinen etymologischen Ursprung im Lateinischen. Dort hergeleitet von „manu agere“, was umgangssprachlich soviel heißt wie „mit den bloßen Händen steuern“. In das Italienische fortgeschrieben bedeutet „maneggiare“ in etwa „etwas bewerkstelligen oder handhaben“.
In einem modernen Gebrauch wird der Managementbegriff in zweierlei Hinsicht unterschieden:[4]

- Management als Funktion

[3] Vgl. z.B. Volkmann/ et al. (2012)

[4] Vgl. folgend Staehle (1992, S. 66ff.)

⟦ Management als Institution

Der funktionale Managementbegriff ist aufgabenorientiert und zielt auf die Tatsache hin ab, das zum Erhalt und zur Gesamtsteuerung einer Organisation bestimmte (systembegründende bzw. systemerhaltene) Aufgaben übernommen und erfüllt werden müssen. In einer losen Übersetzung steht Management hier für „Gestalten und Steuern“. Diese gestaltenden und/oder steuernden Aufgaben können in einmaligen oder seltenen Entscheidungen liegen, wie z.B. Fragen im Zusammenhang mit der Gründung, der Standortwahl, der Zusammenlegungen etc. von Organisationen. Die Aufgaben können aber auch konkreter Natur sein und Funktionen wie die Motivation und Führung von Mitarbeitern oder Tätigkeiten wie Planung, Organisation und Kontrolle umfassen. Unabhängig davon, ob es sich um Nonprofit-Organisationen, gewinnorientierte Unternehmen oder öffentliche Verwaltungen etc. handelt, wird in der allgemeinen Managementlehre davon ausgegangen, dass das Management die folgenden fünf Funktionen/Aufgaben (auf unterschiedlichen Ebenen) wahrnehmen muss:

(1) Planning (Planung)
(2) Organizing (Organisation)
(3) Staffing (Personaleinsatz)
(4) Directing / Leading (Führung)
(5) Controlling (Kontrolle)

Im institutionellen Sinne umfasst das Management alle Instanzen („die Manager“) einer Organisation, der die Kompetenz zur Steuerung, Koordination und Überwachung der untergeordneten (ausführenden) Stellen übertragen wurde. Im Falle von privatwirtschaftlichen Unternehmen geschieht diese Übertragung gewöhnlich durch die Eigentümer des

Unternehmens. Da sozialwirtschaftliche Organisationen als Vereine keine natürliche Eigentümerperson kennen, nimmt diese Rolle in gewisser Hinsicht der Vorstand ein. Der Managementbegriff in seiner institutionellen Ausprägung steht also z.B. für den (Sozial-)Unternehmer, „Manager", Geschäftsführer, leitenden Mitarbeitern (z.B. Leitung einer stationären Einrichtung der Behinderten-, Jugend- oder Altenhilfe) soweit sie Management-Funktionen im oben beschriebenen Sinne wahrnehmen.[5]

### 1.2.2 Managementebenen und -kreislauf

Managementaufgaben, also Planung, Organisation, Personaleinsatz, Führung und Kontrolle (s. oben), sind im Kern als so genannte Querschnittsaufgaben zu interpretieren. Das bedeutet, dass sie nicht auf einer bestimmten Ebene festgelegt sind, sondern ebenen- und aufgabenübergreifend auf unterschiedlichen Hierarchiestufen wahrzunehmen sind. Demzufolge sind beispielsweise in den größeren Organisationen der Sozialwirtschaft, wie AWO- oder Caritasverbänden, stets eine Reihe von Mitarbeitern mit der Übernahme von Managementfunktionen beauftragt. Es gilt daher zu beachten, dass die Unterscheidung von Managementfunktionen und Ausführungsfunktionen („Nicht-Managementfunktionen) vor allem eine analytische darstellt. Auf nahezu jeder Stelle sind sowohl Management- als auch reine Ausführungsfunktionen wahrzunehmen. Der Anteil wird je nach Hierarchieebene natürlich unterschiedlich ausfallen. Es liegt auf der Hand, dass etwa der Abteilungsleiter „Soziale Dienste" einen größeren Anteil an Managementaufgaben, wie Führung und Kontrolle wahrnimmt als der Mitarbeiter in der Sozialen Fachberatung vor

---

[5] Vgl. ausführlich bei Staehle (1992, 77ff.)

Ort. Dennoch wird auch der Abteilungsleiter ein Spektrum an Aufgaben vorweisen, die er selbst ausführen muss und nicht delegieren kann. Üblicherweise werden folgende Ebenen des Managements in institutioneller Hinsicht unterschieden:

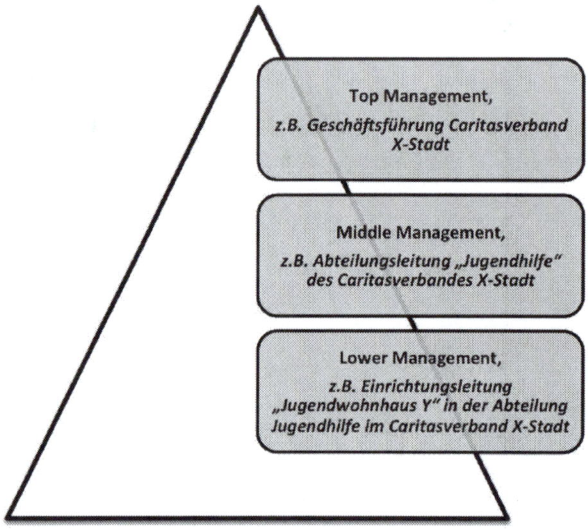


Abb. 1: Managementebenen in der Sozialwirtschaft

Während das „Lower-Management“ eine Vielzahl operativer Aufgaben noch selbst wahrnimmt, beschränkt sich das „Top-Management“ weitgehend auf strategische Vorgaben. So erfolgt beispielsweise durch das Top-Management die Wirtschaftsplanung und Budgetierung für die Gesamtorganisation. Das „Middle-Management“ verantwortet demgegenüber z.B. das jeweilige Teil-Budget und ist für die unmittelbare Führung der Mitarbeiter in den Einrichtungen und Diensten verantwortlich. Das „Lower-Management“ führt die Budgetaufzeichnungen des Teil-Budgets und nimmt z.B. auf unterster Ebene auch Führungsverantwortung wahr.

Die Managementfunktion der Planung ist oben als erste

Aufgabe in der Auflistung der Managementfunktionen genannt worden. Jeder Planung geht jedoch ablauflogisch zunächst noch das Setzen von Zielen voraus, auf die die entsprechende Planung hin ausgerichtet ist. Im Rahmen der Planung gilt es zu überdenken, was zur Zielerreichung unternommen werden soll. Führen mehrere Handlungsalternativen zur angestrebten Zielgröße, so gilt es zu entscheiden, welche Alternative zu realisieren ist. Schließlich erfolgt die Kontrolle, inwiefern der angestrebte Erfolg bzw. das Ziel erreicht wurde. Dieser hier nur kurz angedeutete Zyklus bildet den so genannten Managementkreislauf bzw. Managementzyklus. Die Kreislauflogik findet sich in nahezu allen Sachaufgaben wieder.

Abb. 2: Managementkreislauf

## 1.3 Die Freie Wohlfahrtspflege im System der Sozialwirtschaft

Organisationen der Sozialwirtschaft entstammen im Wesentlichen dem Bereich der Freien Wohlfahrtspflege.

> Unter Wohlfahrtspflege versteht das Steuerrecht in § 66 Abs. 2 der Abgabenordnung die planmäßige, zum Wohle der Allgemeinheit und nicht des Erwerbes wegen ausgeübte Sorge für notleidende oder gefährdete Mitmenschen. Die Sorge kann sich auf das gesundheitliche, sittliche, erzieherische oder wirtschaftliche Wohl erstrecken und Vorbeugung oder Abhilfe bezwecken.

Nach den Ergebnissen des John Hopkins Comparative Nonprofit Sector Project[6] führt die deutsche Teilstudie zu Tage, dass Organisationen der Sozialwirtschaft mit nahezu 70 v. H. den mit weitem Abstand bedeutendsten Anteil des gesamten Nonprofit Sektors ausmachen und darunter wiederum die Organisationen der sechs Spitzenverbände der Freien Wohlfahrtspflege (s. unten) den mit Abstand größten Anteil ausmachen.
Wenn auch die Sozialwirtschaft zu großen Teilen dem Nonprofit-Sektor entspricht, so ist sie nicht identisch mit diesem. Amateursportvereine oder Umweltschutzorganisationen zählen zum Nonprofit-Sektor, jedoch nicht zur Sozialwirtschaft. Soziale Organisationen sind in

[6] Seit 1990 wird hier an einem in dieser Form einmaligen Projekt gearbeitet, in dem der Nonprofit Bereich, in zunächst (1990-1995) zwölf, dann (1999) über zwanzig Ländern, insbesondere hinsichtlich seiner ökonomischen Struktur untersucht wird. (Zimmer/ et al. 2001, 208) diess. (2003).

Deutschland im Rahmen einer „Drei-Sektoren-Ökonomie“ aktiv.[7] Das heißt, dass soziale Dienstleistungen durch

- gewinnorientierte Unternehmen,

- in der öffentlichen Verwaltung und

- vor allem in Nonprofit-Organisationen

erbracht werden. Entsprechend spricht z.B. Wöhrle daher von Sozialmanagement, „...wenn sich das Management auf das Erbringen sozialer Dienstleistungen bezieht. Dabei ist es unerheblich, ob diese Dienstleistung in einem öffentlichen Träger, einem freien Wohlfahrtsverband, einem kleinen gemeinnützigen Verein oder einem gewerblichen, auf Profit orientierten Betrieb organisiert wird.“[8]

Wie oben bereits festgestellt wurde, dominieren die Organisationen der Freien Wohlfahrtspflege die Sozialwirtschaft. Innerhalb der Freien Wohlfahrtspflege bestehen aber beachtliche Größenunterschiede. Ausgehend von einer Gesamtbeschäftigtenzahl (ohne Ehrenamt, FSJ etc.) von rund 1,5 Millionen wird eine klare Dominanz der kirchlichen Träger deutlich. Die meisten Beschäftigten weisen die Caritas (617.193 Beschäftigte) und die Diakonie (453.000) auf, die AWO ist mit 211.727 hauptamtlich Beschäftigten bereits wesentlich kleiner.[9] Die beiden kirchlichen Träger stellen auch jeweils für sich allein genommen die größten privaten Arbeitgeber in Deutschland dar.[10] Hinzukommen noch

---

7 Vgl. Zimmer/ et al. (2009, S. 118f.)

8 Wöhrle (2003, S. 111)

9 AWO (2017), Caritas (2017), Diakonie (2017)

10 Zum Vergleich: Siemens weist im Jahr 2008 weltweit 430.000 Beschäftigte auf, davon nur 130.000 in Deutschland, vgl. Zimmer/ et al. (2009, S. 130).

ehrenamtliche bzw. freiwillige Mitarbeiter und weitere Personalkategorien. Ergänzend zu den gemeinnützigen Anbietern entwickelt sich seit Anfang der 1990er Jahre ein stetig wachsender Bereich privater, gewinnorientierter Anbieter von sozialen Dienstleistungen, die die Anzahl der Beschäftigten weiter erhöhen.

## 1.4 Sozialwirtschaft

### 1.4.1 Begriff und Umfang

Der Begriff „Sozialwirtschaft" ist nach Decker zurückzuführen auf das Jahr 1970 und ist von den Spitzenverbänden der Freien Wohlfahrtspflege eingeführt worden, als die Hilfskasse Bankgesellschaft mbH in die Bank für Sozialwirtschaft umbenannt wurde.[11]

Im Rahmen der nachfolgenden Ausführungen erfolgt eine inhaltliche Konzentration auf Organisationen der Sozialwirtschaft bzw. auf Sozialwirtschaftliche Organisationen. Mit dieser Bezeichnung soll nach Arnold und Maelicke insbesondere das Folgende ausgedrückt werden:[12]

- Der Begriff „sozialwirtschaftlich" bringt zum Ausdruck, dass auch Anbieter sozialer Dienstleistungen „wirtschaften" müssen; sie sind gezwungen, die ihnen zur Verfügung stehenden Ressourcen effizient einzusetzen.
- Der Begriff „sozialwirtschaftlich" deutet darauf hin, dass es sich bei den Anbietern [in der Regel, M.M.] nicht um erwerbswirtschaftliche

[11] Vgl. Decker (1992, S. 33)

[12] Arnold/Maelicke (1997, Vorwort) hier zitiert aus diess. (2009, S. 9). Hervorhebung geändert.

Organisationen ... handelt. Sie sind durch andere Zielsetzungen und Rahmenbedingungen geprägt.

- Der Begriff „sozialwirtschaftlich" soll deutlich machen, dass es sich bei diesen Anbietern sozialer Dienstleistungen zum einen volkswirtschaftlich bedeutungsvollen Bereich handelt.
- Die Begriffe „soziale Organisation", „soziale Einrichtung" oder auch „sozialer Dienst" sind mehrdeutig und deshalb missverständlich. Ein einheitliches Begriffsverständnis hat sich bislang nicht durchgesetzt, so dass stets terminologische Unsicherheiten bleiben.

In institutioneller Hinsicht umfasst der Terminus „Sozialwirtschaft" alle Formen der organisierten Wohlfahrtspflege im weitesten Sinne, während er als Funktionenlehre die Art und Weise der Aufgabenerledigung zum Gegenstand hat und insofern für diverse betriebswirtschaftliche Teilfunktionen (Marketing, Finanzierung, Personalwirtschaft etc.) Zugang bietet.

Das Begriffspaar Sozial-Wirtschaft soll dabei des Weiteren die Tatsache ausdrücken, dass es die vorderste Aufgabe dieser Unternehmungen ist, die (selbstgewählten) sozialen Verpflichtungen als primäres, formales Unternehmensziel und die Notwendigkeit des wirtschaftlichen Handelns in Übereinstimmung zu bringen. Decker wählt von daher im Hinblick auf den Begriffsteil „Wirtschaft" bewusst auch den Begriff des Unternehmens und spricht nicht allgemein von Organisationen.

„Die Verbände und ihre – teils rechtlich selbständigen, teils in unselbständiger Form geführten Einrichtungen sind in der Tat Unternehmen, die sich von

Unternehmen der freien Wirtschaft weniger durch Struktur und Arbeitsweisen als durch die Art der Unternehmensziele unterscheiden."[13]

Die Verwendung des Terminus des Unternehmens erscheint angebracht, soweit er hier verwendet wird für Einrichtungen, die ihre Leistungen gegen Entgelt anbieten und damit zumindest partiell ihr Eigenkapital zu reproduzieren vermögen.[14]

Der Teilbegriff Sozial-*Wirtschaft* imliziert, dass die betreffende Organisationen wirtschaften müssen. Wirtschaften zu *müssen* kann genau genommen nur für solche Organisationen letztlich eine Pflicht sein, die im Extremfall nicht damit rechnen können z.B. im Falle von Zahlungsunfähigkeit von anderer Seite Unterstützung zu erhalten bzw. gar einen rechtlichen Anspruch auf diese zu besitzen. Eine Reihe von in Konkurs gegangenen örtlichen Organisationen der AWO oder Diakonie etc. belegen, dass dieses Risiko für Organisationen der Freien Wohlfahrtspflege zutrifft; zur gewerbliche Anbieter steht dies ohnehin außer Frage.

Anders verhalt es sich mit Organisationen der öffentlichen Verwaltung (z.B. dem Jugendamt). Als staatliche Institutionen (Ämter, Körperschaften des öffentlichen Rechts) sidn sie letztlich nicht konkursfähig, so dass ein finaler Zwang zur effizienten Ressourcenverwendung nicht vorliegen kann.

Insgesamt soll daher hier von folgender Definition ausgegangen werden: Die Sozialwirtschaft besteht aus Organisationen, die als professionelle Anbieter von Sozialen Dienstleistungen agieren und dabei einem tatsächlichen

[13] Beck (1988, S. 26) zitiert bei Decker (1992, S. 33)

[14] Vgl. Eichhorn 1996, S. 18

wirtschaftlichen Existenzrisiko, i.S.e. einer Konkursfähigkeit unterworfen sind. Das heißt Organisationen der Sozialverwaltung gehören im eigentlichen Sinne nicht zur Sozialwirtschaft.

### 1.4.2 Ökonomische Bedeutung und Größe sozialwirtschaftlicher Unternehmen

Führt man sich vor Augen, dass die Leistungen der Sozialwirtschaft zu weit überwiegenden Anteilen in Form von Arbeitsleistung erbracht werden, so dass der Leistungswert sehr nahe an den gezahlten Entgelten liegt, dann unterstreicht dieses die immense volkswirtschaftliche Bedeutung. Inzwischen erwirtschaftet die Sozialwirtschaft ca. 7% der gesamtwirtschaftlichen Wertschöpfung in Deutschland; diejenige des Fahrzeug- und Maschinenbaus liegt zum Vergleich bei rund 4% bzw. 3%.[15]

Es empfiehlt sich zu vergegenwärtigen, dass es sich bei den sozialwirtschaftlichen Organisationen regelmäßig um große Unternehmen handelt, die sich in Struktur und interner Steuerung kaum von Unternehmen anderer Branchen unterscheiden. Der Unterschied liegt in der konkreten Art ihrer Dienstleistung. Bevor im Weiteren aber der Blick auf das Leistungsangebot der Sozialwirtschaft gerichtet wird, soll der angesprochene Unternehmenscharakter verdeutlicht werden. Dies erscheint hilfreich, weil diese Erkenntnis zuweilen aus der Perspektive eines Beschäftigten oder Praktikanten verloren geht, wenn der Dienst in der Regel nur in einer einzigen Teileinrichtung (z.B. einer KiTa, einem Jugendtreff, einem Behindertenwohlhaus etc.) des Gesamtunternehmens geleistet wird. Einge wenige ausgesuchte Übersichten sollen daher das

---

[15] Vgl. Ehrentraut/ et al. (2014)

Verständnis schärfen:[16]

Betrachten wir zunächst den Umsatz. Der Umsatz bezeichnet die in Geld bewerteten (Dienst-) Leistungen einer Organisation.

Durchschnittlich erzielen die fünf umsatzstärksten Unternehmen der Sozialwirtschaft jeweils 1 Milliarde Umsatz, wobei der Platz 50 immerhin noch 188 Mio. und der Platz 100 noch 104 Mio. Euro Umsatz erwirtschaftet.

| *Umsatz* | | | |
|---|---|---|---|
| *Rang, Verband* | *Träger* | *Umsatz in Mio. Euro* | *Hauptamtl. Mitarbeiter* |
| 1. Diakonie | Johanniter | 1.545 | 20.013 |
| 2. Diakonie | v. Bodelsch. Stiftung Bethel | 1053 | 12.403 |
| 3. Diakonie | Agaplesion | 1000 | 19.300 |
| 4. Caritas | Alexianer | 950 | 16.093 |
| 5. Caritas | Marienhaus Stiftung | 905 | 14.604 |

Tab. 1: Umsatz Top 100 der Sozialwirtschaft (verändert Auszug)

Einen Eindruck von der Größe dieser sozialwirtschaftlichen Unternehmen vermittelt auch die Bilanzsumme. Diese bezeichnet die Summe aller Vermögensgegenstände (Gebäude, Computer, Geldanlagen etc.) eines Unternehmens.

---

16 Alle Daten der drei folgenden Tabellen aus Jahrbuch (2016)

| *Bilanzsumme* | | | |
|---|---|---|---|
| *Rang* | *Träger* | *Bilanzsumme in Euro 2014* | *Hauptamtl. Mitarbeiter* |
| 1. | Johanniter | 653.022.405 | 9.135 |
| 2. | Barmh. Brüder Trier | 647.334.361 | 9.656 |
| 3. | Augustinum | 570.898.977 | 4415 |
| 4. | Malteser Deutschl. | 525.792.211 | 5.841 |
| 5. | Josefs-Gesellschaft | 488.175.095 | 5.794 |

Tab. 2: Bilanzsumme Top 100 der Sozialwirtschaft (verändert Auszug)

Dass auch die überwiegend als Nonprofit Organisation auftretende Sozialwirtschaft selbstverständlich Gewinne erzielt bzw. erzielen muss, verdeutlich schließlich die folgende Übersicht. Der Jahresüberschuss (oder ggf. Jahresfehlbetrag/Verlust) gibt die Differenz von Erträgen und Aufwendungen eines Unternehmens an.

| *Jahresüberschuss (Gewinn)* | | |
|---|---|---|
| *Rang, Träger* | *Gewinn in Euro, 2014* | *Hauptamtl. Mitarbeiter* |
| 1. Johanniter | 15.305.515 | 496 |
| 2. Barmh. Brüder gem. Träger | 13.987.145 | 8346 |
| 3. Dt.Knochenmarksp.Datei | 13.076.139 | 254 |
| 4. Malteser Deutschl. | 11.993.432 | 5.841 |
| 5. Gem. Gesellschaft der Franzis-kanerinnen zu Olpe | 11.757.214 | 8.108 |

Tab. 3: Jahresüberschuss Top 100 der Sozialwirtschaft (verändert Auszug)

Allein diese wenigen exemplarisch ausgewählten Zahlen verdeutlichen, dass es sich bei der Sozialwirtschaft mitnichten um kleine ehrenamtlich geführte „Good-Will"-Projekte handelt. Organisationen mit bis zu 1,5 Milliarden Umsatz und über 20.000 hauptamtlichen Mitarbeitern sind faktische Großunternehmen oder mit 104 Mio. Jahresumsatz bei rd. 1900 hauptamtlichen Mitarbeitern (Platz 100) zumindest mittelständige Unternehmen. Von dem nach Angaben des statistischen Bundesamtes in der gesamten Sozialwirtschaft erzielten Umsatz von ca. 61 Milliarden Euro, entfällt auf die 100 freigemeinnützigen Sozialunternehmen mit 29 Mrd. etwa die Hälfte. Dieser Wert wiederum verteilt sich auf die bekannten Organisationen wie folgt:[17]

[17] vgl. Jahrbuch (2016, S. 13)

- Diakonie 44 %
- Caritas 44 %
- AWO 5 %
- Paritäter 4 %
- DRK 3 %

## 1.5 Dienstleistungen der Sozialwirtschaft

Bereits mehrfach wurde angesprochen, dass es sich bei sozialwirtschaftlichen Organisationen um so genannte „Dienstleister" handelt.
Eine allgemein anerkannte Definition des Dienstleistungsbegriffs existiert allerdings bis dato nicht. Als unstrittig kann jedoch der vorhandene Gutcharakter von Dienstleistungen angesehen werden. Der Begriff „Gut" entstammt der Wirtschaftswissenschaft und bezeichnet tatsächlich „Alles", was geeignet ist ein menschliches Befriedigung zu befriedigen (z.B. Brot, Autos, Zuneigung, Sonnenlicht). Der Terminus „Bedürfnis" wiederum steht für ein individuelles Mangelempfinden, verbunden mit dem Bestreben dieses zu beseitigen. Es lassen sich materielle und immaterielle Güter unterscheiden. Die Dienstleistung ist dabei als immaterielles Gut zu verstehen und durch folgende Merkmale gekennzeichnet[18]:

- Sie ist tendenziell immateriell, aber häufig nicht ohne Sachmittel darstellbar.
- Die Leistungserstellung bedarf der Beteiligung des Kunden (Keine Beratung ohne Klient, Klient als „Co-Produzent").

[18] Vgl. Kamiske/ Brauer (2008, S. 58 ff.); Bruhn (2006, S. 20 ff.)

- Die Dienstleistung ist nicht lagerfähig. Erstellung und Konsum erfolgen demnach gleichzeitig (uno actu-Prinzip).
- Sie ist in der Regel standortgebunden; sie wird am Ort des Anbieters oder des Kunden erstellt.
- Sie wird für jeden Kunden neu erstellt; Leistungsumfang und Qualität können daher individuell verschieden sein.

Diese Merkmale von Dienstleistungen gelten für alle Arten von (personenbezogenen) Dienstleistungen, d.h. für die Behandlungsleistung eines Arztes genauso, wie für die Serviceleistung eines Kellners oder für eine Schuldnerberatung.

Das uno-actu-Merkmal stellt dabei ein für die Dienstleistungen der Freien Wohlfahrtspflege bedeutsames Merkmal dar. Es betont, dass bei Dienstleistungen der Leistungserbringer und der Konsument derselben eng zusammenarbeiten müssen. So wird z.B. die Dienstleistung „Soziale Fachberatung" in *demselben* Augenblick genutzt („konsumiert"), in dem sie erbracht wird.
Als ein weiteres Merkmal von Dienstleistungen ist oben die Immaterialität genannt worden. Es bedarf kaum einer Begründung um nachzuvollziehen, dass die Dienste der Sozialwirtschaft diesem Merkmal gerecht werden. Dienste, also Handlungen wie Pflege, Beratung etc. sind von Natur aus nicht greifbar, also immateriell. Auch dieses gilt freilich für alle Dienstleistungen.
Die Integration eines externen Faktors führt insbesondere in den Handlungsfeldern der Sozialen Arbeit dazu, dass der Mitwirkung des Klienten eine entscheidende Bedeutung zukommt, was die Qualität und Wirksamkeit der Sozialen Arbeit angeht. Je klarer der Klient sein Anliegen/Hilfebedarf artikulieren kann und ggf. kooperiert, desto

erfolgsversprechender wird die Soziale Arbeit sein können. Es gilt auch hier zu beachten, dass dies kein Spezifikum Sozialer Arbeit darstellt. Auch z.B. ein Arzt, Rechtsanwalt oder Steuerberater benötigt die Mitwirkung des jeweiligen Kunden.

Die in der Sozialwirtschaft erbrachten Dienstleistungen werden des Weiteren in der Regel als *sozial* und *personenbezogen* bezeichnet. Personenbezogene Dienstleistungen zeichnen sich im Wesentlichen dadurch aus, dass sie unmittelbar an einer Person erbracht werden, d.h. das Objekt der Leistung stellt ein Individuum dar. Bezugnehmend auf die vorangegangenen Ausführungen erscheint dieses für Soziale Arbeitsfelder offensichtlich. Pflege- und Betreuungstätigkeiten können nur direkt an der Person erbracht werden. Auch die meisten Beratungsleistungen im Aufgabenfeld der Freien Wohlfahrtspflege können kaum von einer Stellvertretung entgegengenommen werden.
Mit dem Adjektiv „sozial" werden die personenbezogenen Dienstleistungen der Sozialwirtschaft noch weitergehend charakterisiert. Auf der Ebene ökonomisch geleiteter Überlegungen führt dieser Zusatz kaum zu mehr Erkenntnisgewinn. Regelmäßig wird dabei jedoch auf die Ebene der Funktionsgewährung abgestellt.[19] Der Übergang von der (nur) personenbezogenen Dienstleistung zur personenbezogenen sozialen Dienstleistung soll in dieser Sichtweise dann vonstatten gehen, wenn sich die Dienstleistung „auf zentrale körperliche, kognitive und soziale Funktionen von Gesellschaftsmitgliedern [richtet] und ... auch auf die Beeinflussung von Grundkompetenzen wie Gesundheitsbewusstsein oder Erziehungsfähigkeit sowie auf

[19] Fretschner (2011, S. 78)

Einstellungen und Sichtweisen der Nutzer [abzielt].“[20] Die Frage, ob eine Veränderung von Einstellungen und Sichtweisen überhaupt mit letzter Sicherheit der wissenschaftlichen Prüfung zugänglich ist, bleibt dabei allerdings unbeantwortet. Auf ethische Fragen eines derart normativ formulierten Interventionsanspruchs, sei an dieser Stelle nur hingewiesen.

Die klassische Marktbeziehung ist durch eine eindeutige Zuordnung von Verkäufer/Produzent und Käufer/Konsument gekennzeichnet. Zwischen diesen beiden Marktteilnehmern gestaltet sich ein Tauschverhältnis in der Form, dass ein Produkt/eine Dienstleistung gegen Entgelt getauscht wird. Es entsteht ein „schlüssiges Tauschverhältnis“.
Für die Soziale Dienstleistungsproduktion sind Besonderheiten zu beachten, denn nur in seltenen Fällen zahlen die Empfänger der Leistung diese auch selbst. In der Sozialwirtschaft treten regelmäßig drei Akteure auf: Der Dienstleistungserbringer („Verkäufer“), der Konsument/Klient und der Kostenträger. Das heißt die Position des Käufers/Konsumenten wird aufgespalten in einen Akteur, der die Leistung empfängt und einen weiteren Akteur, der die Kosten trägt. Diese Konstellation wird auch als „sozialrechtliches Dreieck“ bezeichnet (Abb. 3).

---

20 Bellermann (2004, S. 155)

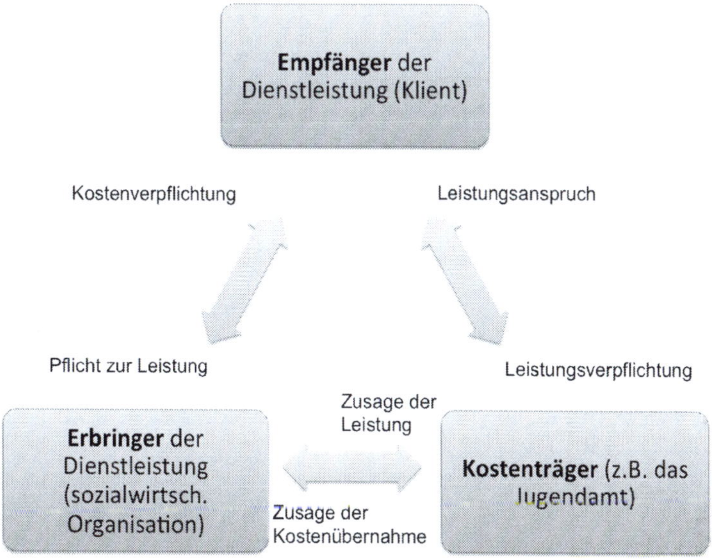


Abb. 3: Sozialrechtliches Dreieck

Der Empfänger der Leistung besitzt aufgrund von sozialrechtlicher Bestimmungen einen (Rechts-) Anspruch gegenüber dem Kostenträger, dass dieser die Kosten der beim Leistungserbringer in Anspruch genommenen Dienstleistungen übernimmt. Zwischen Leistungsempfänger und Leistungserbringer entsteht so gesehen ein einfaches privatrechtliches Vertragsverhältnis. In diesem wird der Leistungserbringer tätig mit der Zusicherung des Kostenträgers, dass dieser die entsprechenden Kosten anstelle des Leistungsempfängers tragen wird.[21] Der Leistungserbringer sichert im Gegenzug dem Kostenträger zu, die Leistung zu erbringen. Diese besondere Konstellation wird oftmals als „nicht schlüssige Tauschbeziehung“ bezeichnet, weil z.B. der Konsument der Dienstleistung diese nicht auch selbst bezahlt.

[21] In welcher Weise diese *Finanzierung* erfolgen kann, wird in Kapitel 8 behandelt.

## 1.6 Freie Wohlfahrtspflege

### 1.6.1 Begriff und Verständnis

Im Rahmen der vorgenannten Ausführungen erfolgte eine Konzentration auf solche private Nonprofit Organisationen, die den Bereichen Gesundheit und Soziale Dienste zugeordnet werden können. Als Bezeichnung für die Organisationen wurde der Terminus Unternehmen bzw. Organisation der Sozialwirtschaft (sozialwirtschaftliche Organisation) gewählt.

Des Weiteren ist dargestellt worden, dass diese Organisationen einen Großteil des privaten Nonprofit Bereichs ausmachen. Wenn nun im Weiteren im Schwerpunkt die Freie Wohlfahrtspflege betrachtet wird, wie sie sich im Bereich der so genannten Spitzenverbände der Freien Wohlfahrtspflege organisiert, dann ist diese Entscheidung zum einen konzeptionell, zum anderen quantitativ begründet.

Konzeptionell insofern, als dass Organisationen der Sozialwirtschaft, die dem Kriterium einer privaten Nonprofit Organisation genügen, zu weiten Teilen diesem Bereich entstammen. Quantitativ begründet ist dieses Vorgehen insofern, als dass der Anteil der Einrichtungen der Spitzenverbände der Freien Wohlfahrtspflege sowohl was deren Anzahl angeht, als auch was die Anzahl der Beschäftigten anbetrifft, eine solche Schwerpunktlegung nahelegt. Auf die Dominanz der Freien Wohlfahrtspflege ist oben bereits hingewiesen worden.

Letztlich trägt auch der allgemeine Sprachgebrauch der Dominanz der organisierten Freien Wohlfahrtspflege i.S.d. Spitzenverbände Rechnung. Gewöhnlich sind bei der Rede von freier Wohlfahrtspflege eben diese Organisationen gemeint.

Eine abschließende Definition darüber, was die Freie

Wohlfahrtspflege ist, erscheint vor dem Hintergrund „der hohen Komplexität und Dynamik des Verbandssystems" schwierig und wäre wohl auch stets unvollständig.[22] Die Bundesarbeitsgemeinschaft der Spitzenverbände der Freien Wohlfahrtspflege definiert ihren Gegenstandsbereich wie folgt:[23] Allgemein können unter *Freier Wohlfahrtspflege* „alle Dienste und Einrichtungen verstanden [werden], die sich in freigemeinnütziger Trägerschaft befinden und sich in organisierter Form im sozialen Bereich und im Gesundheitswesen betätigen."

Freie Wohlfahrtsunternehmen sind ein Teil des oben einführten dritten Sektors und erfüllen die dargelegten Merkmale einer (privaten) Nonprofit Organisation. Für eine weitergehende begriffliche Präzisierung dieses Bereichs kann die Freie Wohlfahrtspflege durch zusätzliche Merkmale abgegrenzt werden:[24]

- Wertorientierung: Es handelt sich um normative Organisationen, die einer Weltanschauung, Tradition oder einem Sozialmilieu verpflichtet sind.
- Verbandszugehörigkeit: Die freigemeinnützigen, wirtschaftlich und rechtlich selbstständigen Einrichtungsträger gehören einer übergreifenden Verbandsorganisation (Wohlfahrtsverband) an. Damit sind autonome Selbsthilfe- und Helfergruppen ausgeschlossen.

---

22 Vgl. Weuthen (1990, S. 18)

23 Bundesarbeitsgemeinschaft (2002, S. 8)

24 Vgl. Weuthen (1990, S. 18)

- Soziale Dienstleistung: Die Organisationen sind im Sozialleistungssektor tätig (z.B. keine Parteien).[25]

### 1.6.2 Spitzenverbände der Freien Wohlfahrtspflege

In Deutschland findet sich die Freie Wohlfahrtspflege organisiert in sechs so genannten Spitzenverbänden der Freien Wohlfahrtspflege, die sich wiederum bundesweit zu einer Arbeitsgemeinschaft zusammengeschlossen haben. Wie oben bereits angesprochen geht es dabei um:

- Die Arbeiterwohlfahrt AWO
- Den Deutschen Caritasverband DCV
- Das Deutsche Rote Kreuz DRK
- Den Deutschen Paritätische Wohlfahrtsverband DPWV
- Das Diakonische Werk
- Die Zentrale Wohlfahrtsstelle der Juden ZWST

Bei den Spitzenverbänden handelt sich um gemeinnützige Organisationen, die entweder aufgrund religiös geprägter Überzeugungen, weltanschaulicher Orientierungen oder allgemeinen humanitären Gedanken tätig sind. Als Spitzenverbande stehen diese Institutionen jeweils für sich genommen für eine große Anzahl von meist rechtlich selbständigen Organisationen. Ein Spitzenverband der Freien Wohlfahrtspflege kennzeichnet sich folglich im Wesentlichen dadurch, dass er als Zusammenschluss von freien und gemeinnützigen Trägern auftritt.

---

[25] „Die Abgrenzung bleibt dennoch unscharf, da Kirchen und Sportvereine die gleichen Kriterien erfüllen.“ (Meyer, 1999, 33). Für die in dieser Abhandlung verfolgten Zwecke erscheint diese Differenzierung aber ausreichend.

Auf Bundesebene arbeiten die Spitzenverbände in der Bundesarbeitsgemeinschaft der Freien Wohlfahrtspflege (BAGFW) mit Sitz in Berlin zusammen. Folgend werden die Spitzenverbände der Freien Wohlfahrtspflege im Überblick vorgestellt:[26]

a) Die Arbeiterwohlfahrt

"Die Arbeiterwohlfahrt betont bewußt, daß ihre Arbeit, auf den humanitären und ethischen Grundlagen des freiheitlichen und demokratischen Sozialismus' beruht; entsprechend hebt sie ab auf das Ziel einer ‚zeitgemäßen und gerechten Sozialordnung' , ihre Repräsentanten weisen in besonderem Maße auf die gesellschaftspolitischen Aufgaben der Arbeiterwohlfahrt hin" (R. Wegener, Staat und Verbände. ..S. 150).

b) Der Deutsche Caritasverband

"Der Deutsche Caritasverband, nach seiner Satzung, die von den deutschen Bischöfen anerkannte Zusammenfassung und Vertretung der katholischen Caritas in Deutschland', versteht sich in dieser weltlichen Form, wie auch immer im einzelnen das Beziehungsverhältnis (zur Amtskirche) gestaltet sein mag, ...als sichtbarer Ausdruck kirchlichen Liebeswirkens' und wird auch seitens der Amtskirche in dieser Eigenschaft anerkannt und gefördert".

---

[26] Entnommen aus Flierl (1992) und die dort genannte Literatur.

c) Das Deutsche Rote Kreuz

"Das Deutsche Rote Kreuz, vertritt in Wort, Schrift und Tat die Ideen der Nächstenliebe, der Völkerverständigung und des Friedens'; seine Arbeit ist geprägt durch die internationalen Aufgaben im Dienste der Humanität, die ihm eine unbedingte Neutralität gegenüber religiösen, weltanschaulichen, aber auch politischen und sozialen Bindungen auferlegen".

d) Der Deutsche Paritätische Wohlfahrtsverband

"Der Deutsche Paritätische Wohlfahrtsverband hat sich eine, sachkundige und zeitgerechte Sozialarbeit zum Wohl der Gesellschaft und des einzelnen Menschen' zur Aufgabe gestellt; er arbeitet aus christlicher oder humanitärer Verantwortung, und zwar ohne konfessionelle und parteipolitische Bindungen, wobei allerdings das humanitäre Element im Vordergrund steht".

e) Das Diakonische Werk

"Das Diakonische Werk nimmt als Werk der Evangelischen Kirche in Deutschland (EKD) diakonische und volksmissionarische Aufgaben im Sinne der Grundordnung der Evangelischen Kirche in Deutschland wahr".

f) Die Zentrale Wohlfahrtsstelle der Juden

Die Zentrale Wohlfahrtsstelle der Juden beschränkt ihre Tätigkeit auf die Angehörigen der Israelitischen Kultusgemeinde.

**Literaturempfehlung für ein tiefergehendes Studium der in diesem Kapitel behandelten Themen:**

Wöhrle/Beck/Grunwald/Schellberg/Schwarz/Wendt:
Grundlagen des Management in der Sozialwirtschaft, Baden-Baden 2013

Überlegungen zu einem Management in der Sozialwirtschaft sind heute in einen übergeordneten Rahmen einzubinden, welcher der Tatsache gerecht wird, dass sich sozialwirtschaftliche Organisationen bzw. Sozialunternehmen inzwischen in einem kompetitiven Umfeld bewähren müssen. Zudem deuten auch Entwicklungen auf europäischer Ebene klar darauf hin, dass sich die Wettbewerbsintensität insbesondere für die so genannte freie Wohlfahrtspflege in den kommenden Jahren eher verschärfen wird. Ein rationaler Einsatz operativer Managementaktivitäten setzt daher ein Mindestmaß an strategischer Orientierung bzw. Planung voraus.[27]

In Organisationen der Sozialwirtschaft wird im Grunde immer schon strategisch gedacht und gehandelt. Insbesondere wenn darunter ein Vorgehen verstanden wird, bei welchem langfristige Ziele anvisiert werden und auf mögliche Änderungen der Rahmenbedingungen möglichst frühzeitig und prophylaktisch reagiert wird, dann stellt die strategische Perspektive nichts grundlegend Neues dar. In den vergangenen Jahren hat sich gleichwohl das Interesse an Fragen der strategischen Steuerung von Organisationen der Sozialwirtschaft sowohl seitens der Praxis als auch seitens der Wissenschaft zunehmend intensiviert (vgl. z.B. Schneider/et al. 2007). Die Gründe für diese Entwicklung sind gerade im Hinblick auf Praxisfragen offensichtlich in der Problematik begründet, dass immer mehr (gemeinnützige, erwerbsorientierte) Organisationen des "Sozialen-Sektors" um öffentliche Gelder,

[27] Vgl. Mroß (2008)

um Spenden, um private Kunden oder um alles zugleich konkurrieren.

## 2.1 Verständnis von "Strategie"

Bevor im einzelnen der Frage nach der Gestaltung der strategischen Steuerung nachgegangen werden soll, gilt es zunächst den Begriff *Strategie* zu klären.

Allgemein unterscheidet sich das strategische Vorgehen vom nicht-strategischen durch ein bestimmtes Maß an vorausgehender Planung im Hinblick auf ein angestrebtes Ziel. Strategien erscheinen daher als ein - mehr oder weniger - komplexes Maßnahmebündel zur Realisierung eines angestrebten Ziels.[28]

Ein freier Träger, der anstrebt seinen Marktanteil in 10 Jahren um 20% zu erhöhen, handelt dann strategisch, wenn er zu diesem Zwecke und darauf abgestimmt, gezielte Marketingaktivitäten ergreift, Qualitäts-Management-Systeme konzipiert und umgesetzt, gezielte Lobbyarbeit bei den kommunalen Entscheidungsträgern betreibt etc.. Dieses Bündel an Maßnahmen bezeichnet somit dann eine Strategie, wenn die Maßnahmen sinnvoll aufeinander abgestimmt sind und sich gegenseitig verstärken und ergänzen. Von einem strategischen Vorgehen wäre hingegen nicht die Rede, wenn zum Beispiel aufgrund schlechter Presse Marketingmaßnahmen auf den Weg gebracht werden und erst aufgrund einer Rüge des MDK (Medizinischer Dienst der Krankenkassen) verstärkt die Qualität sichernde Maßnahmen ergriffen werden.

Der Strategiebegriff (griechisch: strategos=Heerführer) entstammt ursprünglich der Militärsprache und steht für „die Kunst oder Lehre der Führung von Kriegshandlungen, die

[28] Vgl. Macharzina (1999, S. 197)

entscheidenden Einfluss auf den Ablauf des Krieges haben."[29] Strategie ist daher immer Mittel zum Zweck, sie besitzt also einen instrumentalen Charakter. Des Weiteren übt die Strategie einen entscheidenden Einfluss auf den Erfolg des Ganzen aus (ebenda); zudem zeichnet sie sich in Relation zur Dauer der Einzelmaßnahmen durch eine Langfristigkeit aus.

## 2.2 Die Bedeutung von "Stakeholdern"

Wenn im Weiteren die Frage nach der strategischen Ausrichtung der sozialwirtschaftlichen Organisation erörtert wird, so gilt es vorab zu verdeutlichen, dass diese Frage nicht losgelöst von den Personen, Gruppen und Institutionen erfolgen kann, die eine – wie auch immer geartete – Beziehung zu der Organisation aufweisen. Die Rede ist von so genannten „Stakeholdern".[30] Stakeholder sind Bezugsgruppen, d.h. also Personen, Gruppen, Organisationen/Institutionen, die mit einer Organisation/Unternehmung in Beziehung stehen und Erwartungen gegenüber der Organisation/Unternehmung haben.
Inwiefern sich auch gewinnorientierte Unternehmen an den Belangen ihrer Stakeholder ausrichten müssen oder sollten, wird im einschlägigen Schrifttum durchaus unterschiedlich diskutiert. Für Nonprofit-Organisationen und sozialwirtschaftliche Organisationen steht diese Notwendigkeit jedenfalls aus existenziellen Gründen außer Frage. Die Strategieformulierung läuft für die hier betrachteten Organisationen letztlich auf ein Stakeholder-Management hinaus, bei dem es darum gehen muss, die Nutzen

[29] Ulrich/ Fluri (1995, S. 114)

[30] Engl. „stake": Stange, Pfahl, Einsatz. Stakeholder sind zu unterscheiden von „Shareholdern". Letztere stellen Anteilseigner (insbes. Aktionäre) dar.

verschiedener Stakeholder zu optimieren sowie ihre Erwartungen mindestens langfristig so zu befriedigen, dass sich keine der entscheidenden Bezugsgruppen von der Organisation abwendet.[31] Eine besondere Herausforderung ist für die Sozialwirtschaft darin erkennbar, dass die verschiedenen Bezugsgruppen durchaus unterschiedliche Erwartungen an die Organisation besitzen. So müssen sich beispielsweise die Erwartungen des Jugendamtes als Kostenträgers nicht unbedingt decken mit denen der Mitglieder der Organisation. Die nachstehende Abbildung 4 stellt eine Auswahl von Stakeholdern dar, die für eine sozialwirtschaftliche Organisation Relevanz besitzen.

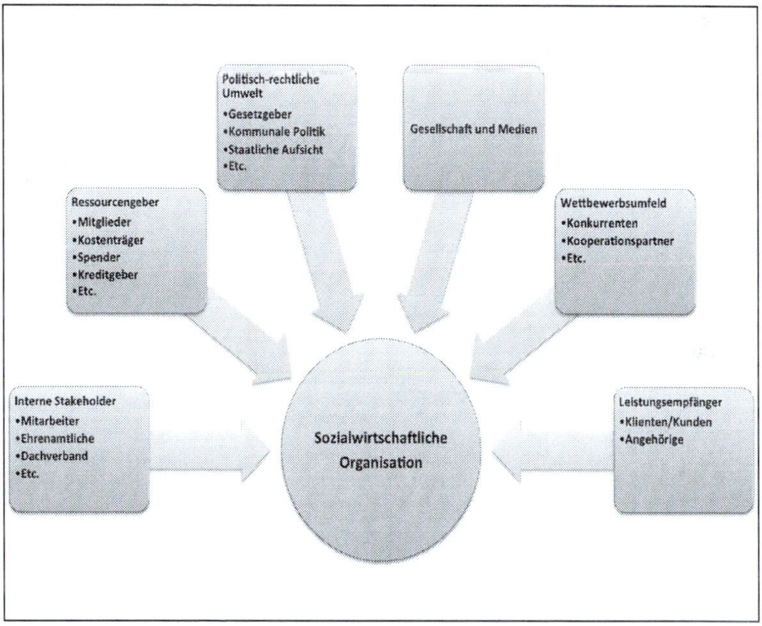


Abb. 4: Stakeholder sozialwirtschaftlicher Organisationen

[31] Vgl. Schneider/ et al. (2007, S. 103f.)

Die verschiedenen Stakeholder sind für die strategische Positionierung der Organisation in der Regel nicht gleichermaßen bedeutsam. Ein erster sinnvoller Ansatzpunkt für ein Stakeholder-Management besteht folglich darin, die Stakeholder nach ihren Beeinflussungsmöglichkeiten (Beeinflussungs*macht*) zu unterscheiden:

- Anspruchsgruppen, die unmittelbar auf die Organisation einwirken und über direkte Einwirkungsmöglichkeiten verfügen.
- Einflussgruppen, die mit der Organisation in einer Beziehung stehen, aber über keine direkten Beeinflussungsmöglichkeiten verfügen.

Sobald innerhalb der sozialwirtschaftlichen Organisation eine hinlänglich zufriedenstellende Vorstellung über die Anzahl und Bedeutung der Stakeholder erlangt wurde, gilt es im Zuge einer gezielten Gestaltung und Steuerung (Management) der Stakeholdergruppen, die Erwartungen der einzelnen Gruppen in Erfahrung zu bringen. Es ist überflüssig darauf hinzuweisen, dass unbekannte Erwartungen auch nicht in der Strategieformulierung berücksichtigt werden können. Umgekehrt muss es aber auch Anspruch einer professionell geführten sozialwirtschaftlichen Organisation sein, selbst als Akteur aufzutreten und die eigenen Einflussmöglichkeiten bezogen auf die jeweiligen Stakeholder zu analysieren.

## 2.3 Strategische Umwelt- und Organisationsanalyse

Strategischen Entscheidungen wohnt wie oben beschrieben wurde eine gewisse Langfristigkeit inne. Daraus folgt, dass solche Entscheidungen nicht ohne Weiteres wieder – und schon gar nicht permanent – verändert werden können. Oftmals ziehen strategische Grundsatzentscheidungen Investitionen (z.B. in Immobilien oder betrieblicher Infrastruktur) nach sich, von denen sich das Unternehmen nicht bzw. nur auf Kosten hoher Verluste wieder trennen kann. Zu denken sei hier beispielsweise an die Entscheidung für ein intensiviertes Engagement im Bereich der stationären Alten- und Behindertenhilfe. Zu diesem Zweck erworbene und entsprechend ausgestattete Immobilien lassen sich regelmäßig nicht kurzfristig ohne hohe Verluste wieder abstoßen. Vor einer strategischen Entscheidung gilt es daher die Situation, in der sich das Sozialunternehmen befindet, sorgfältig zu analysieren.

### 2.3.1 PEST-Analyse

Es liegt nahe, den Blick zunächst auf die Gegebenheiten und möglichen Entwicklungen der globalen Umwelt der Organisation zu richten. Als eine von mehreren Möglichkeiten konzentrierte sich die so genannte „PEST"-Analyse daher auf die politische, ökonomische, gesellschaftliche und technologische Umwelt der Organisation.[32]

Politisch-rechtliche Faktoren, z.B.

- Gesetzgebung im Sozialrecht
- Arbeitsrecht
- Tarifrecht

Ökonomische Faktoren, z.B.

- Inflation, Zinssätze
- Arbeitslosenquoten
- Staatsverschuldung

Gesellschaftliche Faktoren, z.B.

- Wertewandel

---

[32] PEST steht für die entsprechenden englischsprachigen Begriffe political, economical, social, technological. Für alternative Ansätze vgl. z.B. Schneider/ et al. (2007)

- Demographische Entwicklung
- Regionale und nationale Wanderungsbewegungen der Bevölkerung

Technologische Faktoren, z.B.

- Informationstechnologie
- Substitutionstechnologien
- Niveau der digitalen Vernetzung

Diese Einflussgrößen sind dahingehend zu bewerten, ob oder inwieweit darin künftig Risiken oder Chancen für die Organisation erkennbar sind (s. unten SWOT-Analyse). Nachdem die PEST-Analyse den Blick auf eher allgemeine Umweltentwicklungen legt, gilt es weitergehend diese in einen Kontext zur eigenen organisatorischen Leistungsfähigkeit zu stellen und zu beurteilen. Dazu muss sich die Organisation auch intern einer kritischen Analyse unterziehen (Organisationsanalyse).

### 2.3.2 SWOT-Analyse

Bei der Organisationsanalyse geht es im eigentlichen Sinne darum – z.B. auf dem Wege einer Stärken/Schwächen-Betrachtung – zu erkennen, welche Stärken oder Schwächen die eigenen Fähigkeiten und Ressourcen im Vergleich zu Konkurrenten aufweisen. Diese Ergebnisse können dann gebündelt im Rahmen der so genannten SWOT-Analyse genutzt werden. Die SWOT-Analyse stellt Stärken/Schwächen sowie Chancen/Risiken vergleichend gegenüber.

Im Zuge der SWOT-Analyse werden die Resultate aus der Umweltanalyse („Chancen und Risiken“) und der Organisationsanalyse („Stärken und Schwächen“) zu einer integrierten Bewertung zusammengeführt. Anhand der Begriffe lässt sich eine Vier-Felder-Matrix erstellen, welche die

Ergebnisse der Umwelt- und Organisationsanalyse systematisiert.

| | | **Ergebnisse der Umweltanalyse** | |
|---|---|---|---|
| | | **Chancen** | **Risiken** |
| **Ergebnisse der Organisations-analyse** | **Stärken** | Stärken/Chancen-Strategie | Stärken/Risiken-Strategie |
| | **Schwächen** | Schwächen/ Chancen-Strategie | Schwächen/Risiko-Strategie |

Abb. 5: Grundstruktur einer SWOT-Analyse

Das eigentliche Ziel der SWOT-Analyse besteht darin für die Organisation strategische Möglichkeiten zu generieren, die aus einem expliziten Abgleich von Determinanten der Organisation/Unternehmung und ihrer Umwelt resultieren. Die folgen vier Normstrategien folgen aus SWOT-Analyse:

- Stärken/Chancen-Strategien: Es gilt die eigenen Stärken zu nutzen, um an Chancen aus der Umwelt noch stärker zu partizipieren. Zum Beispiel könnte eine lokal-regional gut vernetze Wohlfahrtsorganisation die strategische Partnerschaft zu erwerbswirtschaftlichen Unternehmen suchen, die sich dem Corporate Social Responsibility

(CSR)-Gedanken verpflichtet fühlen und so neue Geschäftsfelder erschließen.

- Stärken/Risiken-Strategien: Es gilt die eigenen Stärken einzusetzen, um die sich abzeichnenden Risiken abzuwenden oder zumindest abzumildern. Im Sinne einer so genannten Public Sozial Partnership können Organisationen der Sozialwirtschaft mit öffentlichen Stellen gemeinsam finanzierte Projekte auf den Weg bringen und so das finanzielle Risiko, insbesondere des staatlichen Rückzugs aus bestimmten Aufgabenbereichen, reduzieren.
- Schwächen/Chancen-Strategien: Es gilt mit den eigenen Schwächen so umzugehen, dass man an den erkannten Chancen dennoch teilhaben kann. Denkbar sind hier Formen der gezielten Vernetzung mit anderen Anbietern, etwa in der Form von „joint venture"-Projekten. Im Idealfall bietet es sich hier an Partner zu finden, die diese Schwäche nicht aufweisen.
- Schwächen/Risiken-Strategien: Es gilt hier umgehend zu reagieren, da unter Umständen die Existenz oder das politische „Überleben" der Organisation auf dem Spiel steht. Verbreitete Strategien in diesem Feld sind z.B. Rückzug aus dem Geschäftsfeld, Outsourcing (Auslagerung von Teilbereichen) oder einschneidende Veränderungen zur Erhöhung der Wirtschaftlichkeit.

### 2.3.3 Szenario-Technik

Strategische Planung ist – wie jede Art von Planung – als gedanklich vorweggenommene Zukunft immer mit Unsicherheit verbunden. Unerwartetes kann eintreten und die eigenen Planungsgrundlagen ad absurdum führen, weil die geplante

Vorgehensweise aufgrund der zwischenzeitlich eingetretenen Tatsachen nicht mehr möglich oder nicht weiter sinnvoll erscheint. Zum Zeitpunkt der Planung herrscht regelmäßig – und darin besteht im Grunde die „Unsicherheit" – Unklarheit darüber, welche weiteren Entwicklungen auftreten können. Mehrere Szenarien sind also denkbar. Häufig wird es jedoch möglich sein in etwa abzuschätzen, welche die extrem günstigste und welches die extrem ungünstigste Entwicklung ist, die eintreten kann.

Ein Instrument, dass auf diesen Vorüberlegungen aufbaut, stellt die so genannte „Szenario-Technik" dar (Abb. 6). Die Punkte A und C markieren die beiden Extremszenarien und spannen damit zugleich den maximalen Möglichkeitsraum auf. Der Punkt B bezeichnet das Ergebnis eines zum Planungsstart angenommenen Verlaufs für den Fall, dass keine positiven oder negativen Störungen auftreten. Salopp gesagt, wenn also alles so läuft, wie geplant. Erfährt dieses Trendszenario allerdings – in der Abbildung Punkt S – eine Störung, so verändert sich der Möglichkeitsraum auf die Strecke „Szenario 1.0 bis C". Dieses gilt solange, wie keinerlei Gegenmaßnahmen miteingeplant werden. Werden dann entsprechende Gegenmaßnahmen (Punkt G) eingeleitet, wird auch eine Entwicklung in Richtung Szenario 1.1 möglich und der Möglichkeitsraum bezeichnet immerhin dann die Strecke „Szenario 1.1 bis C".

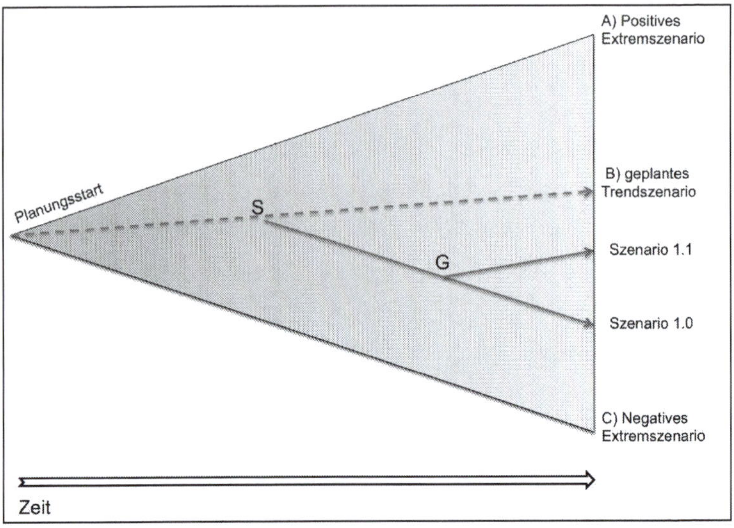


Abb. 6: Szenario-Technik

(Quelle: Eigene, angelehnt an Horak 1995, S. 310)

## 2.4 Normative Grundsatzfragen

Nachdem in den vorangegangenen Ausführungen die Umwelt und die eigene Organisation einer Betrachtung und Bewertung unterzogen wurden, gilt es nun seitens der Verantwortlichen (des „Managements“) die entsprechenden Schlussfolgerungen daraus zu ziehen und eine Strategie ins Auge zu fassen. Dabei ist es als zwingend notwendig anzusehen, dass die Strategie mit der Vision, dem Leitbild bzw. der „Mission“ der Organisation vereinbar ist.

Konzeptionell lassen sich solche ethisch-philosophisch ausgerichteten Fragen nach der Vision, dem Leitbild etc. unter den Terminus der „Normativen Unternehmensführung“ verorten. Normative Unternehmensführung bestimmt das Selbstverständnis der Organisation in Form übergeordneter

Ziele, Werte und Verhaltensweisen.[33] In diesem Sinne sind also die Fragen nach dem Kernzweck der Organisation („Warum existieren wir eigentlich?“) und nach dem eigenen Bild („Wer wollen wir sein?“) zu beantworten. Ein solches Bekenntnis geht qualitativ über das hinaus, was etwa die Satzung nach § 54 Bürgerliches Gesetzbuch einer Sozialorganisation in Vereinsform formell über den Gegenstand der Organisation aussagt.[34]
Die Vision beschreibt das angestrebte Zukunftsbild der Organisation. Sie zeigt, welchen Endzustand die Organisation einmal durch ihre Tätigkeit erreichen soll: „Was soll grundsätzlich erreicht werden?“[35].

Durch das Leitbild erfährt die Vision eine Konkretisierung und kann dann in Grundsätze, Ziele und Wertaussagen übertragen werden, die für das Unternehmen bzw. die Organisation maßgeblich sind.[36] Mit Hilfe eines Leitbildes werden weitaus weniger abstrakt oder allgemeiner als noch im Falle der Vision, genauere Aussagen für das Handeln der Organisation in Bezug auf ihre Stakeholder getroffen. Das Leitbild füllt „die Vision [gewissermaßen] mit Leben und gibt Mitarbeitern und Management Grundsätze an die Hand, die die Basis für ihre

---

[33] Vgl. Dillerup/ Stoi (2008, S. 51)

[34] Als Mindesterfordernisse muss die Satzung nach § 54 BGB den Zweck, den Namen, den Sitz des Vereins enthalten und ergeben, dass der Verein eingetragen werden soll. Der Zweck muss derart formuliert sein, dass das Finanzamt nach §§ 52ff. Abgabenordnung entscheiden kann, ob es sich um einen gemeinnützigen, mildtätigen oder kirchlichen Zweck handelt.

[35] Helmig/ Boenigk (2012, S. 76)

[36] Vgl. Camphausen (2003, 21)

Entscheidungen und Aktivitäten darstellen."[37] Ein gelungenes Leitbild erfüllt allgemein die folgenden Voraussetzungen:[38]

- Ein Leitbild gibt Auskunft über den Zweck, den die Organisation erfüllen will (Mission, Vision) und nennt ggf. auch die Tätigkeitsbereiche oder Geschäftsfelder, die sich daraus ergeben.
- Das Leitbild stellt die wesentlichen Werte und Normen der Organisation dar.
- Das Leitbild schreibt die Art und Weise der Zweckerreichung nicht vor, d.h. es formuliert weder Strategien noch Maßnahmen.
- Das Leitbild ist kurz, prägnant, verständlich und konkret formuliert. Als „mission statement" gelingt es gar den Kern des Leitbildes auf einen einzigen Satz zu konzentrieren.
- Das Leitbild ist in einem grundsätzlichen Stil verfasst und motiviert durch seine Inhalte einen Beitrag zur Zweckerfüllung zu leisten

Idealtypisch folgt auf die Formulierung des Leitbildes dann die eigentliche strategische Zielplanung. Mit dem Eintritt in die Phase der strategischen Zielplanung wird endgültig die tendenziell abstrakte Ebene von Vision und Leitbildern verlassen. Die Organisation muss sich auf den Weg machen ihre normativen Ziele zu verwirklichen und die von außen kommende Erwartungshaltung, das Image, möglichst nahe an das eigene angestrebte Selbstverständnis, die Vision,

---

[37] Camphausen (2003, S. 21)

[38] Vgl. Helmig/Boenigk (2012, S. 76) und die dort angegebene Literatur.; teils ergänzt.

heranzuführen. Leicht umsetzbare Schritte können etwa in einem einheitlichen Erscheinungsbild, Logos, Internetseiten etc. bestehen, die als „Corporate Identity“ auch für Außenstehende leicht erkennbar und identifizierbar sind.

Die Ziele selbst leiten sich unmittelbar aus dem Leitbild der Organisation ab und sollen möglichst den so genannten „SMART-Kriterien“ genügen, d.h. sie sollen spezifisch, messbar, erreichbar, realistisch und zeitlich befristet sein.[39]

## 2.5 Strategische Grundsatzentscheidungen

In der Ursprungsliteratur aus der allgemeinen Managementlehre werden gewöhnlich verschiedene Typen von Strategien unterschieden. Hinsichtlich von Fragen des strategischen Managements liegen die Unterschiede zwischen sozialwirtschaftlichen Organisationen und anderen Unternehmen dabei weniger innerhalb der grundsätzlichen Anwendung strategiebezogener Überlegungen als vielmehr darin, dass Sozialunternehmen sich regelmäßig einer noch komplexeren, weil facettenreicheren, Entscheidungssituation gegenüberstehen als dies für die meisten anderen Formen von Unternehmen der Fall ist.[40] Die Ordnung der Strategietypen kann daher auch auf NPO übertragen werden.

[39] SMART steht für die entsprechenden englischsprachigen Bezeichnungen: specific, measurable, achievable, realistic und time frame.

[40] Horak/ et al (1999, S. 162)

Abb. 7: Strategietypen

Im Rahmen von *Gesamtunternehmensstrategien* ist zu entscheiden, auf welchen Gebieten (Geschäftsfeldern) die Unternehmung wie und mit welcher Ausrichtung tätig sein soll. Letztlich sind hier elementare Fragen der Ressourcenbewirtschaftung zu beantworten. Sind Ressourcen, Finanzmittel, Personal, etc. begrenzt, so ist abzuwägen, ob der lokale Träger das gesamte Spektrum der Wohlfahrtspflege abdecken kann oder soll. Unter Umständen ist zu entscheiden, in welche sozialen Dienstleistungen verstärkt investiert werden soll und welche eher restriktiv oder gar abschöpfend behandelt werden. Sich dieser Auswahlentscheidung zu stellen, ist keine einfache Herausforderung. Geht es doch faktisch um die Aussage, dass für den Träger bestimmte soziale Bereiche künftig wichtiger sind als andere - wichtiger zumindest in der Hinsicht, dass die eigenen knappen Ressourcen für den einen und eben nicht für den anderen Bereich eingesetzt werden sollen.

Mit *Wettbewerbsstrategien* hingegen wird allgemein entschieden, in welcher Form eine Organisation den Wettbewerb – sofern vorhanden - aufnehmen will. Größere Organisationen der freien Wohlfahrtspflege sind regelmäßig in mehreren verschiedenen Geschäftsfeldern, wie zum Beispiel der ambulanten und stationären Altenhilfe, der Jugendhilfe, der Behindertenhilfe etc. tätig. Im Rahmen von Wettbewerbsstrategien ist für jedes Geschäftsfeld (jeden Markt) des Trägers gesondert zu entscheiden, auf welche Weise der Wettbewerb hier angegangen werden soll. So kann der Träger etwa im Bereich der ambulanten Altenhilfe eine andere Wettbewerbsstrategie verfolgen als in der Behindertenhilfe. Für diese Entscheidung steht das strategische Management vor drei Grundfragen, denen wiederum drei Grundtypen von Wettbewerbsstrategien entsprechen:[41]

1) Wo soll konkurriert werden? (Ort des Wettbewerbs)
2) Nach welchen Regeln soll konkurriert werden? (Regeln des Wettbewerbs)
3) Mit welcher Stoßrichtung soll konkurriert werden? (Schwerpunkt des Wettbewerbs)

Hinsichtlich der Frage nach dem *Ort des Wettbewerbs* hat der freie Träger bezogen auf das Tätigkeitsfeld/Geschäftsfeld Altenhilfe z.B. zu entscheiden, ob das Hilfsangebot den gesamten Bereich der Altenpflege abdecken soll oder ob nur ein Teilsegment bedient wird: Etwa nur ambulante Hilfen, nur stationäre Einrichtungen, nur Kurzzeitpflege oder aber den gesamten Altenhilfebereich, diesen jedoch dann örtlich begrenzt nur in Nordrhein-Westfalen oder nur in einem bestimmten Stadtteil. Unter wirtschaftlichen Erwägungen kann

---

[41] Schreyögg/Steinmann (2000, S. 191ff.)

die Beschränkung auf ein Teilsegment unter Umständen höhere Erträge mit sich bringen als die Abdeckung des Gesamtbereichs. Aber auch in sozialer Hinsicht kann die Konzentration auf eine Nische sinnvoll sein, wenn die Organisation in diesem speziellen Bereich besondere Kompetenzen, Erfahrungen etc. aufweist, die in anderen Bereichen weit weniger wirkungsvoll zum Tragen kämen. Die Konzentration käme daher einer Vermeidung von Kompetenzvergeudung gleich.

Die *Regeln des Wettbewerbs* betreffen die Grundstruktur des Tätigkeits- bzw. Geschäftsfeldes. Die Organisation steht hier vor der Frage, ob sie versuchen soll, die Struktur - z.B. viele Anbieter mit kleinen Marktanteilen oder einige wenige, größere Anbieter - zu verändern oder als gegeben zu betrachten. Im Bereich in der Sozialwirtschaft kann eine Veränderung der Struktur beispielsweise durch (Teil-) Konzentration herbeigeführt werden, in dem Dienste von anderen Anbietern – bspw. auf dem Wege eines Betriebsübergangs - übernommen werden. Durch Kooperationen können die Regeln des Wettbewerbs ebenfalls verändert werden. Denkbar ist es etwa, dass Gemeinschaftseinrichtungen gegründet werden, z.B. eine gemeinsam betriebene Altenpflegeschule oder dass Bietergemeinschaften in Vergabeverfahren gebildet werden. Insgesamt sind die Möglichkeiten der freien Träger, die Regeln innerhalb eines Geschäftsfeldes im Kern zu verändern, aufgrund tradierter und teils normierter Rahmenbedingungen aber eher als mäßig anzusehen.

Die Frage nach dem *Schwerpunkt des Wettbewerbs* lenkt den Blick schließlich auf zwei grundsätzliche Entscheidungen, die jede Organisation treffen muss, wenn sie nicht strategie- und/oder konzeptlos agieren will.

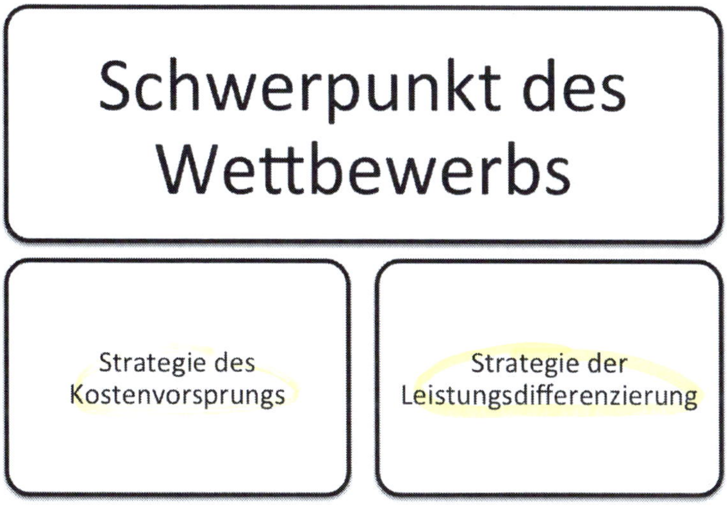


Abb. 8: Schwerpunkte von Wettbewerbsstrategien

Mit der *Strategie des Kostenvorsprungs* versucht eine Organisation Marktvorteile dadurch zu erzielen, dass sie gegenüber ihren Konkurrenten einen relativen Kostenvorteil aufweisen kann. Dieser Vorteil lässt sich i.d.R. darüber erzielen, dass eine möglichst breite Marktpräsenz besteht, wodurch im Wesentlichen größenbedingt Kostensenkungseffekte, insbesondere im Bereich der Fixkosten, erzielt werden können. Der Kostenführer eines Tätigkeitsfeldes kann Preisvorteile aufweisen, er kann in Vergabeverfahren mit niedrigeren Angeboten aufwarten etc. Kaum einer weiteren Erklärung bedarf die Feststellung, dass die Strategie der Kostenführerschaft regelmäßig nur unter Inkaufnahme von Qualitätseinbußen erfolgreich verfolgt werden kann. So impliziert zum Beispiel die Kostenführerstrategie im Regelfall, dass etwa im Pflegebereich nur und gerade eben die Pflichtquote an Fachkräften erreicht wird und auch bei diesen bzgl. Alter, Eingruppierung, Arbeitszeit und -volumen etc. eine sehr stringente Optimierung der Personalkosten betrieben werden muss.

Eine grundlegend andere strategische Ausrichtung bringt die *Strategie der Leistungsdifferenzierung* mit sich. Das Ziel besteht hier darin, sich aus der Sichtweise des Kunden durch Besonderheiten der angebotenen Dienstleistung ein (positives) Alleinstellungsmerkmal zu verschaffen (Unique Selling Proposition USP). Besonderheiten der Dienstleistung sollen die Einrichtung bzw. den Träger hier unverwechselbar machen. In der Sprache der Ökonomie ausgedrückt geht es schlicht darum, die (Preis-)Elastizität der Nachfrage zu senken und sich so im Idealfall einen quasi-monopolistischen (Preis-)Spielraum zu verschaffen. Gewöhnlich werden zwei grundsätzliche Ansatzpunkte für Differenzierungsstrategien unterschieden:

- Senkung der Nutzungskosten der Dienstleistung und/oder
- Steigerung des Nutzungswertes der Dienstleistung.

Auch für die Sozialwirtschaft gilt es zu sehen, dass die Nutzungskosten und/oder die Nutzungswert-Vorteile keineswegs auch tatsächlich vorhanden sein müssen. Allein die Sichtweise des Kunden und/oder des Kostenträgers ist maßgeblich! Das heißt für eine erfolgreiche Differenzierungsstrategie ist es aus Sicht des Sozialunternehmens und aus Marketingperspektive vollkommen ausreichend, wenn die Kunden/Kostenträger der Dienstleistung des Leistungserbringers diese positive Eigenschaften *zuschreiben*.[42]

[42] Vgl. auch Macharzina (1999, S. 207)

## 2.6 Controlling

### 2.6.1 Begriff und Grundlagen

Controlling (engl. „to control" für lenken, steuern) ist auch innerhalb der Betriebswirtschaftslehre ein vergleichsweise neuer Begriff. Es herrscht bis heute noch keine Einigkeit darüber, ob damit tatsächlich eine neue bzw. eigenständige Funktion beschrieben wird, oder nicht im Grunde Bekanntes, ggf. neu interpretiert, unter einem gemeinsamen begrifflichen Dach zusammengetragen wird.

Davon aber unberührt hat der Begriff seit Jahren Konjunktur und ist inzwischen auch aus dem Bereich der Sozialwirtschaft und des Sozialmanagements nicht mehr wegzudenken. Gleichwohl stieß das Controlling in der Sozialwirtschaft lange Zeit auf Zurückhaltung, was letztlich wohl auf das inzwischen weitgehend überwundene Selbstkostendeckung-Prinzip zurückgeführt werden kann.

Auch wenn es an einer allgemein akzeptierten Definition fehlt, wird Controlling heute regelmäßig als eine spezifische Denkhaltung verstanden, bei der es darum geht den betrieblichen Ressourcenfluss sinnvoll, i.d.R. unter Nutzung von Kennzahl zu planen, zu überwachen und zu steuern. Dabei werden zwei Ebenen der Betrachtung unterschieden, die sich entsprechend auch nach unterschiedlichen Controlling-Perspektiven trennen lassen: Das strategische und das operative Controlling.

Das strategische Controlling ist langfristig orientiert, es stellt grundsätzliche Fragen[43] und betrifft das Unternehmen als

[43] Charakteristisch ist hier das Wortspiel „Tun wir die richtigen Dinge?"

Ganzes. Fragen der i.d.S. strategischen Steuerung wurde oben auch vor dem Hintergrund der strategischen Umwelt- und Organisationsanalyse betrachtet. Wie bereits dort deutlich wurde, erzeugt das strategische Controlling primär qualitative Informationen, es ist stark extern (z.B. bei Kunden- und Wettbewerbsanalysen) ausgerichtet, eher wenig strukturiert und bedient sich vergleichsweise kreativer Methoden.[44]

Dazu im Kontrast lässt sich das operative Controlling dadurch beschreiben, dass hier zeitaktueller[45] überwiegend mit quantitativen Informationen gearbeitet wird (Kennzahlen). Der Fokus liegt stärker auf den internen Vorgängen und es wird sehr viel mehr auf formalisiertes Vorgehen (z.B. im Bereich der Kostenrechnung) Wert gelegt.[46]

Entsprechend der unterschiedlichen Schwerpunkte und Perspektiven kommen auch unterschiedliche Instrumente im strategischen und operativen Controlling zum Einsatz. Instrumente des strategischen Controllings sind z.B.:

- „SWOT"-Analyse
- „PEST"-Analyse
- Szenario-Technik
- Stakeholder-Analyse
- Portfolio-Analyse
- „Strategy Map"

---

[44] Vgl. Horak (1995, S. 114)

[45] Charakteristisch ist hier das Wortspiel „Tun wir die Dinge richtig?"

[46] Vgl. Horak (1995, S. 114)

- Balanced Scorecard[47]

Eine Auswahl dieser Instrumente ist bereits oben in Abschnitt 2 besprochen worden.

Instrumente des operativen Controllings z.B.:

- Kosten- und Leistungsrechnung
- Kennzahlen, Balanced Scorecard
- Deckungsbeitragsrechnung
- Soll-Ist-Vergleiche
- Budgetierung
- Benchmarking

Das operative Controlling ist in der betrieblichen Praxis sehr stark mit dem betrieblichen (internen) Rechnungswesen verbunden. Der vereinzelt zu findende Begriff des „fachlichen Controllings“ wird an dieser Stelle nicht weiter aufgegriffen, da sich die dort diskutierten Fragegestellungen sehr viel naheliegender unter dem Thema „Qualitätsmanagement“ verorten lassen. Die konzeptionelle Nähe zum Rechnungswesen drückt sich auch in den innerhalb des operativen Controllings zum Einsatz kommenden Instrumenten und Verfahren aus, die folgend in ihren Grundzügen dargestellt werden.

### 2.6.2 Kosten- und Leistungsrechnung

Als Instrument des internen Rechnungswesens richtet sich die KuL mit ihrem Informationsgehalt in erster Linie an Personen, Institutionen (interne Adressaten), die im erweiterten Sinne

[47] Die unten eingeführte Balanced Scorecard lässt sich sowohl dem strategischen wie auch dem operativen Controlling zuordnen.

dem internen Kreis der Unternehmung zuzurechnen sind.

Die Aufgabe der KuL besteht in der Verteilung und Zurechnung derjenigen Kosten, die bei der (Dienst-) Leistungserstellung und –verwertung anfallen. Im Kern geht es folglich darum zu ermitteln, wo in der Organisation, welche Kosten angefallen sind und über welche Leistungen/Produkte mindestens diese Kosten erwirtschaftet werden müssen. Die Bedeutung der Kostenrechnung für die operative Steuerung (Controlling) zeigt sich dabei insbesondere in drei Aspekten:

1. Als Voraussetzung der Wirtschaftlichkeitskontrolle ist die Kenntnis der Kosten unverzichtbar, so dass Kosten auch als ein Maßstab zur Beurteilung der Wirtschaftlichkeit eines Leistungsprozesses interpretiert werden können. Es liegt auf der Hand, dass ohne die Kenntnis darüber, welche Kosten z.B. eine Fachleistungsstunde intern konkret verursacht, auch keine belastbaren Aussagen darüber getroffen werden können, ob diese Leistung mit dem vereinbarten Leistungsentgelt wirtschaftlich ist.
2. Mit dem vorgenannten Aspekt eng verbunden ist die Frage nach der Zusammensetzung des so genannten Produktprogramms, d.h. welche Dienstleistung überhaupt angeboten werden sollen. Die (Management-) Entscheidung bestimmte Dienstleistungen vermehrt anzubieten oder andere ggf. aus dem Programm zu eliminieren, geschieht u.a. sinnvoller Weise auch (nicht nur) aufgrund der jeweiligen Kosten der Leistungserstellung.

3. Zur Preisfindung und -festsetzung müssen die Kosten pro Leistungseinheit (z.B. Kosten pro Fachleistungsstunde oder der Selbstkostenpreis etc.) bekannt sein, so dass ohne Kenntnis der Kosten kein sachlich begründeter Preis gesetzt oder mit Kostenträgern verhandelt werden kann.

Oben ist als Aufgabe der Kostenrechnung die Erfassung, Verteilung und Zurechnung von Kosten beschrieben worden. Mit dieser Aufgabenstellung korrespondieren entsprechend auch die Teilbereiche der Kostenrechnung:

| **Teilbereiche der Kostenrechnung** | | |
|---|---|---|
| Kostenarten-rechnung | Kostenstellen-rechnung | Kostenträger-rechnung |

Abb. 9: Teilbereiche der Kostenrechnung

Zu Beginn der Konzeption einer Kostenrechnung steht die Kostenartenrechnung. Die zentrale Fragestellung lautet an dieser Stelle: Welche Kosten(arten) sind in welcher Höhe angefallen? Übliche Kostenarten sind beispielsweise Personalkosten, Materialkosten, Kapitalkosten (z.B. Zinsen für Fremdkapital) Mietkosten etc. Sie dient der Erfassung und Ordnung aller in der Rechnungsperiode angefallenen Kostenarten mit dem Ziel alle Kosten nach bestimmten Prinzipien (z.B. nach dem Verursacher) zuzuordnen. Um dieses leisten zu können, ist es notwendig zu erfahren, wo die einzelnen Kostenarten angefallen sind, so dass sich die Frage

nach den Kostenstellen stellt.
So hilfreich beispielsweise die Information aus der Kostenartenrechnung sein mag, dass in dem Abrechnungszeitraum Personalkosten in Höhe von 450.000 € angefallen sind, so drängt sich doch für eine konkrete Controlling- oder Steuerungsentscheidung die Frage auf, in welchen Bereichen, den Kostenstellen, der Einrichtung oder des Sozialunternehmens diese 450.000 € Personalkosten, zu welchen Anteilen, entstanden sind.
Denkbar ist eine Ordnung nach Abteilungen (z.B. Abteilung „Soziale Dienste"), einzelnen Einrichtungen (z.B. Stationäre Jugendhilfeeinrichtung Haus XY) oder auch nach einzelnen Arbeitsplätzen. Welche Einteilung gewählt wird, ist eine Frage der Zweckmäßigkeit und auch die Frage nach der Wirtschaftlichkeit der Kostenrechnung selbst, wenn man bedenkt, dass sehr feingliedrige Kostenstellen (z.B. der einzelne Arbeitsplatz) auch entsprechend gepflegt werden müssen.[48]

Die Verteilung von Kostenarten auf die entsprechenden Kostenstellen findet mit Hilfe eines so genannten Betriebsabrechnungsbogens (BAB) statt. Stark vereinfach weist dieser die nachfolgende Grundstruktur auf (Abbild. 10).

---

[48] Vgl. auch Heinhold (2001, 161f.)

| | Gesamt-Kosten | Ver-waltung | Techn. Dienst | Allgem. Hilfen | Minderj. Flüchtl. |
|---|---|---|---|---|---|
| Personalkosten | 450.000 | 65.000 | 40.000 | 250.000 | 95.000 |
| Sachkosten | 75.000 | 20.000 | 5.000 | 20.000 | 30.000 |
| Abschreibungen | 80.000 | 5.000 | 10.000 | 30.000 | 35.000 |
| Zinsen | 35.000 | 5.000 | 5.000 | 10.000 | 15.000 |
| Verwaltungs-kosten anderer Bereiche | 58.000 | 58.000 | 0 | 0 | 0 |
| **Summe Kostenarten** | **698.000** | **153.000** | **60.000** | **310.000** | **175.000** |

Abb. 10: Betriebsabrechnungsbogen, einfaches Beispiel

Im Kern besteht die Funktion des Betriebsabrechnungsbogens (BAB) darin, dass Kosten von Kostenstellen, die nur indirekt etwas zur Leistungserstellung beitragen – so genannte Hilfskostenstellen (z.B. Verwaltung, Technischer Dienst) - ihre Kosten über ein Umlageverfahren an solche Kostenstellen (Hauptkostenstellen) weitergeben können, die direkt an der Leistungserstellung beteiligt werden. In der Regel haben Hilfskostenstellen auch gar keine eigenen Umsatzquellen, aus denen sie ihre Kosten deckten könnten. Da aber auch z.B. die Personalkosten für die Mitarbeiter der Verwaltung durch Erträge gedeckt werden müssen, liegt es auf der Hand ein Verteilverfahren – und für ein solches steht der BAB – anzuwenden, das diese Kosten dorthin verteilt, wo sie durch mit externen Stellen (Kunden) abrechenbare Leistungen getragen werden können.

Nachdem nun durch Kostenarten- und Kostenstellenrechnung ermittelt wurde, welche Kosten, wo entstanden sind, findet im

Rahmen der Kostenträgerrechnung die Zurechnung der Kosten auf die Leistungen des Betriebes statt. Der Begriff des Kostenträgers im Sinne der Kostenrechnung ist dabei *keinesfalls* zu verwechseln mit dem Verständnis von „Kostenträger“, wie es im Rahmen der Re-Finanzierung von Sozialen Einrichtungen Diensten, etwa für das Jugendamt etc., verwendet wird. Als mögliche Kostenträger aus sozialwirtschaftlichen Handlungsfeldern kommen zum Beispiel in Betracht:

- Eine Fachleistungsstunde
- Ein Klient/Kunde
- Ein Behandlungstag

Im Rahmen der Kostenträger(stück)rechnung (syn. Kalkulation oder auch Selbstkostenrechnung) geht es darum, die (Selbst-) Kosten pro Einheit zu ermitteln.

### 2.6.3 Deckungsbeitragsrechnung

Auf das Zahlenmaterial der Kosten- und Leistungsrechnung wird im Rahmen der Deckungsbeitragsrechnung zurückgegriffen. Die Deckungsbeitragsrechnung wird in der Regel in mehreren Stufen durchgeführt, so dass sich ein Deckungsbeitrag 1, 2 und 3 ergibt, was im Rahmen dieser Einführung aber nicht weiter behandelt wird. Gemeinsam ist diesen Verfahren, dass sie darüber Aufschluss geben sollen, in welchem Umfang eine Leistungseinheit in der Lage ist, außer den ihr direkt zurechenbaren variablen Kosten auch noch einen möglichst hohen Anteil der Fixkosten zu tragen. Die nachstehende Abbildung stellt diesen Zusammenhang schematisch vereinfacht dar.

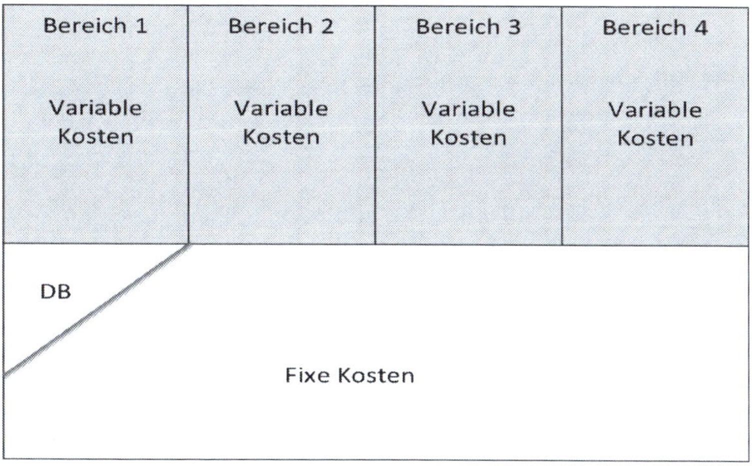


Abb. 11: Deckungsbeitrag – vereinfachtes Schema

Die Bereiche 1-4 stehen exemplarisch für vier Wohnbereiche einer stationären Einrichtung, die neben ihren jeweils eigenen variablen Kosten noch gemeinsam die fixen Kosten z.B. für Miete zu tragen haben. Der Bereich 1 ist in der Abbildung in der Lage Deckungsbeiträge, also Beiträge zur Deckung der fixen Kosten, im Umfang des Dreiecks DB zu erwirtschaften. Die restlichen Mietkosten müssen von den übrigen Wohnbereichen getragen werden, wenn die Gesamteinrichtung kostendeckend arbeiten soll.

Für das operative Controlling liefert die Deckungsbeitragsrechnung einen außerordentlich wichtigen Steuerungsansatz. Solange eine Leistungseinheit noch in der Lage ist – wenn auch geringe – positive Deckungsbeiträge zu erwirtschaften, sollte die Einheit weiterbetrieben werden. Erst wenn die Deckungsbeiträge negativ werden, d.h. wenn eine Leistungseinheit auch ihre variablen Kosten nicht mehr durch entsprechende Erträge decken kann, sollte (aus wirtschaftlichen) Gründen über eine Einstellung der Leistung nachgedacht werden.

### 2.6.4 Budgetierung

Die Budgetierung wird vielfach als das wichtigste Steuerungsinstrument im Rahmen der Unternehmensführung bezeichnet. „Im Zentrum einer Budgetierung stehen die geplanten Kosten und Erlöse, das Unternehmens-Controlling benötigt daher eine Kosten- und Erfolgsrechnung auf Planbasis, denn erst mit Kosten auf Grundlage von geplanten Mengen und geplanten Preisen können in der die Zukunft gerichtete Entscheidungen unterstützt werden.“[49] Für Nonprofit-Organisationen läuft die Budgetierung auf eine Zuordnung von finanziellen Ressourcen zu einzelnen Entscheidungseinheiten (d.h. Einrichtungen, Dienste) hinaus, womit ein Budget eine für den Budgetverantwortlichen verbindlich vorgegebene Wertegröße darstellt.[50] Einfach formuliert stellt das Budget also eine Art „Haushaltsplan“ für einen konkreten Bereich des Sozialunternehmens dar.[51] Auf der Personalebene harmoniert die Budgetierung mit Ansätzen eines delegativen und zielorientierten Führungsstils, in dem im Idealfall der Budgetverantwortliche innerhalb seines Budgets über weitgehende Entscheidungsfreiheit verfügt. Die enge Zuordnung von Budget, Budgetbereich und der Person des Budgetverantwortlichen soll dafür sorgen, dass eine hohe Identifikation des Verantwortlichen für „seinen“ Bereich entsteht. Diese enge personale Bindung birgt allerdings auch die Gefahr eines suboptimalen Verhaltens der Budgetverantwortlichen:[52]

---

[49] Brühl (2009, S. 245)

[50] Vgl. Wöhe/ Döring (2002, S. 211)

[51] Vgl. Bachert/ Pracht (2004, S. 45)

[52] Vgl. Wöhe/ Döring (2002, S. 214)

- Der Versuch großzügige Budgetvorgaben mit den eigenen Vorgesetzten zu vereinbaren, die sich dann entsprechend leicht einhalten lassen.
- Zum Jahresende hin unsinnige Ausgaben, um eine Kürzung des Budgets im Folgejahr zu vermeiden („Dezemberfieber").
- Fokussierung auf kurzfristige Zahlen lässt event. langfristige Ziele der Organisation aus dem Blick geraten.
- Bereichsegoismus, indem negative Auswirkungen auf andere Budgetbereiche ignoriert werden.

### 2.6.5 Kennzahlen und Benchmarking

Mit kaum einem anderen Begriff wie den Kennzahlen wird regelmäßig das operative Controlling assoziiert.[53] Allgemein stellen Kennzahlen als Messgrößen quantitative Daten dar, mit denen Sachverhalte und Zusammenhänge dargestellt werden. Kennzahlen können verschiedene Reichweiten aufweisen. Sie können sich beziehen auf die gesamte Organisation, auf Organisationseinheiten, auf konkrete Produkte/Dienstleistungen oder auf Funktionen usw. Beispiele für Kennzahlen sind:

- Höhe der Personalausgaben
- durchschnittliche Bearbeitungsdauer einer Anfrage
- prozentualer Anteil von Frauen in Führungspositionen
- Kostendeckungsgrad des Wohn- und Pflegezentrums
- Spielfläche pro Kind in Kindertagesstätten
- Vermittlungsquote in der Beruflichen Eingliederung

[53] Vgl. folgend mit Veränderungen aus Gourmelon/ et al. (2011, S. 452-456) und die dort zitierte Literatur. Siehe ausführlich z.B. bei Eisenreich/ et al. (2005)

- Spendenaufkommen aus einer Fundraising-Kampagne

Kennzahlen lassen sich nach ihrer statistischen Form in absolute und relative unterscheiden (Abb. 12).

| **Kennzahlen** | |
|---|---|
| **Absolute Kennzahlen** | **Relative Kennzahlen** |
| • Summen (z. B. Höhe der Personalausgaben)<br>• Differenzen (z. B. Abweichung der Ist- von den Plan-Kosten)<br>• Mittelwerte (z. B. durchschnittliche Bearbeitungsdauer) | • Gliederungskennzahlen: als Verhältnis einer Teilmenge zur Gesamtmenge (z. B. Anteil der Personalkosten an den Gesamtkosten)<br>• Beziehungskennzahlen: als Verhältnis zwischen zwei unterschiedlichen Größen (z. B. Spielfläche pro Kind)<br>• Indexkennzahlen: Verhältnis zu einem Ausgangswert im Zeitvergleich (z. B. Umsatzwachstum in Prozent) |

Abb. 12: Absolute und relative Kennzahlen
(Quelle: Vogel 1996, S. 164 zit. bei Zimmermann 2003, S. 128f.)

Bei der Erhebung und Auswertung von Kennzahlen sind folgende Anforderungen zu beachten:

- Kennzahlen müssen eindeutig definiert und einheitlich erhoben werden. Soll beispielsweise die Dauer eines Vorgangs (Pflegehandlung, Beratungsgespräch etc.) erhoben werden, dann, ist – insbesondere für Vergleichszwecke - eindeutig festzulegen, wann konkret der Vorgang beginnt.
- Kennzahlen müssen fehlerfrei sein. Hierzu gehört die Vermeidung von zufälligen (z.B. Zahlendreher) und

von systematischen (einer Organisationseinheit werden die Kosten eines Mitarbeiters zugeordnet, der schon seit längerer Zeit für eine andere Organisationseinheit arbeitet) Fehlern sowie von bewussten Verfälschungen.

- Kennzahlen müssen zeitnah erhoben und an die Führungskraft (z.B. den Budgetverantwortlichen) geliefert werden, damit diese noch steuernd in evtl. negative Entwicklungen eingreifen kann.
- Das Verfahren zur Erhebung von Kennzahlen muss zuverlässig funktionieren. Die Führungskraft muss sich darauf verlassen können, dass sie die Kennzahlen zum vorgesehenen Termin erhält.
- Der Aufwand zur Erhebung von Kennzahlen muss in einem angemessenen Verhältnis zur anvisierten Steuerungswirkung liegen. Sofern die Möglichkeit besteht, erfolgt die Erhebung von Kennzahlen automatisiert.
- Führungskräfte sollten eine überschaubare Anzahl von Kennzahlen erhalten. Je höherrangiger die Führungskraft ist, desto verdichteter sind regelmäßig die Kennzahlen bereitzustellen.
- Die Kennzahlen sind so aufzubereiten, dass diese für die (auch nicht betriebswirtschaftlich ausgebildete) Führungskraft verständlich und nachvollziehbar sind.
- Idealerweise erhält die Führungskraft Hinweise zum zeitlichen Verlauf von Kennzahlen sowie eine Gegenüberstellung von Soll- und Ist-Werten zur Durchführung von elementaren Soll-Ist-Vergleichen.
- Kennzahlen sind den jeweiligen Führungsverantwortlichen in regelmäßigen zeitlichen Abständen bereitzustellen. Ob Kennzahlenberichte

täglich, wöchentlich, monatlich, quartalsweise oder nur jährlich erfolgen, hängt von den Sach- und Steuerungsproblemen in der jeweiligen Organisationseinheit ab.

Für den praktischen Einsatz gilt es zu berücksichtigen, dass Kennzahlen regelmäßig eine nicht zu unterschätzende verhaltenssteuernde Wirkung entfalten. Sie lenken die Motivation und die Aufmerksamkeit des Verantwortlichen hin zu solchen Größen, die durch die jeweiligen Kennzahlen erfasst und abgebildet werden und ggf. weg von nicht minder wichtigen Aspekten, die nicht durch Kennzahlen erfasst werden. Gerade im Zuge einer leistungsorientierten Entlohnung, die oftmals auf der Basis von Kennzahlen erfolgt, gewinnt dieses verstärkt an Relevanz. *Manche* Arbeits- und Handlungsbereiche (nicht: alle) in sozialwirtschaftlichen Organisationen entziehen sich zudem einer sinnvollen Erhebung von Kennzahlen.[54]

Im Rahmen eines so genannte „Benchmarkings“[55] bieten Kennzahlen darüber hinaus auch die Möglichkeit, die eigene sozialwirtschaftliche Organisation mit anderen Organisationen zu vergleichen sowie auch innerhalb des eigenen Unternehmens ähnliche Teilbereiche miteinander zu vergleichen. Entsprechend kann unterschieden werden nach:

- Externes Benchmarking:
  Vergleich von Kennzahlen unterschiedlicher Gesamtorganisationen (z.B. Der Caritasverband der Stadt X vergleicht sich mit dem Caritasverband der Stadt Y oder mit dem AWO-Ortsverband der Stadt Z)

---

[54] Vgl. auch Pothmann (2003)

[55] Der Begriff stammt ursprünglich aus der Topographie bei der Feststellung von Höhenfestpunkten.

- Internes Benchmarking:
  Vergleich von Kennzahlen innerhalb des eigenen Unternehmens (z.B. das Diakonische Werk für die Stadt K betreibt mehrere Kindertagesstätten, die untereinander verglichen werden).

Im ursprünglichen Sinne steht das Benchmarking nur für einen Vergleich mit dem Branchenprimus bzw. „dem Besten", wobei sich gerade im profitorientierten Wirtschaftsbereichen das Problem der Verfügbarkeit von verlässlichem Zahlenmaterial stellen dürfte, die der Branchenprimus potentiellen Konkurrenten eher nicht zu Lernzwecken zur Verfügung stellen wird.

### 2.6.6 Balanced Scorecard

Unter einer Balanced Scorecard ist ein qualifizierter Kennzahlenansatz zu verstehen, der mit dem Anspruch auftritt auch Raum zu bieten für eher qualitativ zugängliche Bereiche. Mit einer Balanced Scorecard wird angestrebt strategische und operative, vergangenheitsorientierte und perspektivische Ebenen zu integrieren bzw. gleichzeitig zu erfassen. Der Begriff „Balanced Scorecard" leitet sich ab aus der Kombination von Balance (i.S.v. Ausgewogenheit) und Scorecard (i.S.v. Berichtsformular). Die Ausgewogenheit soll darin zum Ausdruck kommen, dass die oben genannten Ebenen alle enthalten sind.
Die Balanced Scorecard ist damit in gewisser Hinsicht hervorgegangen aus der Kritik an rein quantitativ ausgerichteten Kennzahlensystemen. Die Kritik bezog sich dabei insbesondere auf die folgenden Aspekte:[56]

[56] Vgl. Horváth/Partner (2003, S. 368)

- Traditionelle Kennzahlensysteme sind operativ und i.d.R. nur vergangenheitsorientiert.
- Sie weisen keinen direkten Bezug zur Unternehmensstrategie auf.
- Des Weiteren liegt ihr Fokus weitgehend auf Zahlen, insbesondere solchen aus der Bilanz und Gewinn- und Verlustrechnung sowie der Kostenrechnung. Nicht-monetäre Größen werden nur selten beachtet.
- Herkömmliche Kennzahlensysteme bleiben gewöhnlich nur an der Oberfläche der Zusammenhänge, d.h. sie erfassen die Symptome, nicht aber die Ursachen von Problemen. Schließlich wird das Fehlen eines systematischen „Feedback-Prozesses“ zum Managementsystem kritisiert.

Die Balanced Scorecard umfasst hingegen vier Perspektiven. Die Perspektiven sind untereinander über Einflussbeziehungen gekoppelt und werden jeweils mit spezifischen Messgrößen quantitativ erfasst.

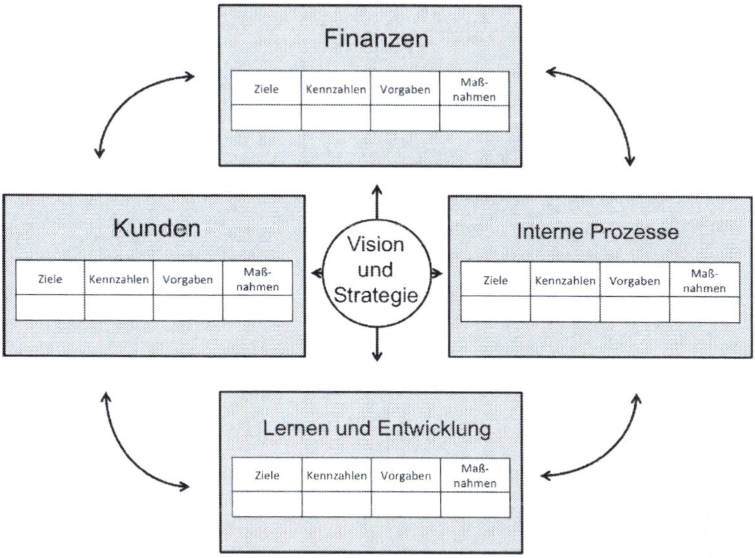


Abb. 13: Balanced Scorecard - Grundstruktur

*Die finanzielle Perspektive*

Mit dieser lässt sich feststellen, ob die Strategie des Unternehmens zur monetären Ergebnisverbesserung beiträgt.

*Die Kundenperspektive*

Hier wird der Blickwinkel des Kunden eingenommen. Es gilt hier zu beurteilen, wie das Unternehmen sich aus Kundensicht dargestellt. Kennzahlen können sich dabei auf Kategorien wie Qualität, Dienstleistungen, Service, Zufriedenheit beziehen.

*Die interne Prozessperspektive*

In dieser Kategorie werden Kennzahlen über betriebsinterne Abläufe erhoben, die einen bedeutsamen Einfluss auf die Kundenzufriedenheit haben, wie z. B. die Dauer des Aufnahmevorgangs bei stationären Diensten.

*Die Lern- und Entwicklungsperspektive*

Diese Kategorie wird oftmals mit der Mitarbeiterperspektive gleichgesetzt. Ziel dieser Kennzahlen ist es aufzuzeigen, inwieweit eine Organisation in der Lage ist, sich zu verbessern, weiterzulernen und Innovationen einzuführen. Dabei stehen Investitionen in die Zukunft, z. B. in das Personalvermögen der Mitarbeiter, die Leistungsfähigkeit von Informationssystemen im Fokus der Betrachtung.

Die Entwicklung einer fundierten Balanced Scorecard gestaltet sich für die Organisation als ein außerordentlich aufwendiges Projekt, das nicht zuletzt auch die Einbindung vieler, wenn nicht sogar aller, Mitarbeiter erfordert. In der Praxis wird es sich daher anbieten eine Art „Fahrplan“ mit Schrittfolgen zu formulieren. Die nachfolgende Abbildung zeigt solche Schrittfolgen exemplarisch für eine Jugendhilfeeinrichtung.

| *Die Schritte zur Entwicklung einer Balanced Scorecard am Beispiel einer Jugendhilfeeinrichtung* | |
|---|---|
| Erster Schritt: | Klärung einer Einrichtungsvision |
| Zweiter Schritt: | Erstellung einer Scorecard für die Gesamtorganisation |
| Dritter Schritt: | Festlegung der Maßnahmen zur Erreichung der Ziele und Erarbeitung der Messinstrumente |
| Vierter Schritt: | Kommunikation und Diskussion der BSC bezüglich ihrer Messinstrumente und Maßnahmen und Genehmigung durch die Geschäftsführung |
| Fünfter Schritt: | Kommunikation mit und Präsentation vor allen Mitarbeitern der BSC |
| Sechster Schritt: | Verknüpfung der BSC mit den laufenden Systemen, Einbindung der Kennzahlen in das Berichtswesen |

Abb. 14: Schritte zur Einführung einer Balanced Scorecard
(Quelle: Pracht/Bachert 2005, S. 166)

**Literaturempfehlung für ein tiefergehendes Studium der in diesem Kapitel behandelten Themen:**

Beck, G.: Controlling, 2. Aufl., Augsburg 1999

## 3 Organisationen steuern mit Zielen und Zielvereinbarungen

Organisationen müssen selbst steuern und werden auch ihrerseits gesteuert. Die Bedeutung dieser Feststellung wird dadurch deutlich, wenn man die an sich triviale Überlegung unterstützt, dass Organisationen ansonsten quasi richtungslos wären bzw. intern ein heilloses Durcheinander herrschte. Für Organisationen der Sozialwirtschaft, die zu ganz überwiegenden Teilen aus öffentlichen Mitteln finanziert werden, ergibt sich darüber hinaus auch ein berechtigter Anspruch auf Steuerung seitens der Öffentlichkeit. Um Organisationen zu steuern bzw. die innerhalb von Organisationen stattfindenden Aktivitäten zu steuern, existieren eine Reihe von Möglichkeiten.

Eine auch im sozialwirtschaftlichen Kontext weit verbreitete Methode stellt die Steuerung über Ziele dar. Bei der Steuerung über Ziele und den damit einhergehenden Zielvereinbarungen oder –vorgaben bietet es sich an, die Organisationsebene und die Mitarbeiterebene von einander zu trennen. In diesem Sinne werden unterschieden:[57]

- Typ I: Zielvereinbarungen als Instrument der strategischen Gesamtsteuerung
- Typ II: Zielvereinbarungen als Instrument des Personalmanagements
- Typ III: Zielvereinbarungen als Instrument der Leistungssteuerung und Entgeltdifferenzierung

[57] Vgl. Gourmelon/ et al. (2018)

Abb. 15: Ziele und Zielvereinbarungen

Auf der Ebene der Gesamtorganisation ist für die Sozialwirtschaft insbesondere die Steuerung relevant, wie sie mit dem – mittlerweile nicht mehr ganz so „neuem" – so genannten Neuen Steuerungsmodell einhergeht (Typ I). Auf der Ebene der Mitarbeiter findet das Steuern über Ziele in der Praxis überwiegend über das Instrument der Personalführung mittels dem „Management by objectives" (Typ II und III) statt.

## 3.1 Kontraktmanagement im "Neuen Steuerungsmodell"

Das Neue Steuerungsmodell[58] ist von seiner grundsätzlichen Ausrichtung her ein Ansatz, der sich (zunächst) ausschließlich an die öffentliche Verwaltung im engsten Sinne richtet. Ziel war bzw. ist es, dass die Politik, insbesondere die kommunale

[58] International entspricht dem Neuen Steuerungsmodell in weiten Teil das so genannte „New Public Management".

Verwaltung, nicht über Vorgaben steuert, sondern dass die Politik mit der Verwaltungsleitung Kontrakte, also Vereinbarungen, darüber schließt, welche Leistungen die Verwaltung mit welcher Ressourcenausstattung künftig erbringen soll. Der Ursprungskontrakt zwischen der Politik und der Verwaltungsspitze stellt gewissermaßen den ersten Schritt in einer Kette von folgenden Kontrakten dar.

> „Dann werden beim Kontraktmanagement in einem zweiten Schritt zwischen der Organisationsleitung und einzelnen Organisationseinheiten Vereinbarungen (Facheinheits- oder Amtskontrakt) getroffen, deren Ziele sich aus den Zielen des Hauptkontraktes ableiten lassen. So wird z. B. die Quantität und Qualität von Produkten bestimmt sowie die zur Produktion erforderlichen Ressourcen beschrieben. In einem weiteren Schritt werden die Ziele des Facheinheits- oder Amtskontrakts auf die einzelnen Mitarbeiter heruntergebrochen. Als Ergebnis ergibt sich eine Zielkaskade von der Politik bis zum einzelnen Mitarbeiter, wobei die einzelnen Ziele aufeinander bezogen sind. Die Steuerung der Organisation erfolgt nun dadurch, dass zu den einzelnen Zielen auch Prüfmechanismen (z. B. Kennzahlen) vereinbart werden, mit denen die Realisierung von Zielen erfasst werden kann. Mit den Informationen, die mithilfe der Prüfmechanismen erhoben werden, ist es der jeweiligen nächsthöheren Instanz möglich, nachzusteuern (z. B. indem weitere Maßnahmen zur Zielrealisierung eingeleitet oder die Ziele angepasst werden; ... . Die Zielvereinbarungen stellen keine Verträge im rechtlichen Sinne dar; die Vereinbarungspartner verlassen sich auf den

Umsetzungswillen der Beteiligten."[59]

Die nachstehende Abbildung gibt den beschriebenen Steuerungsansatz wieder.

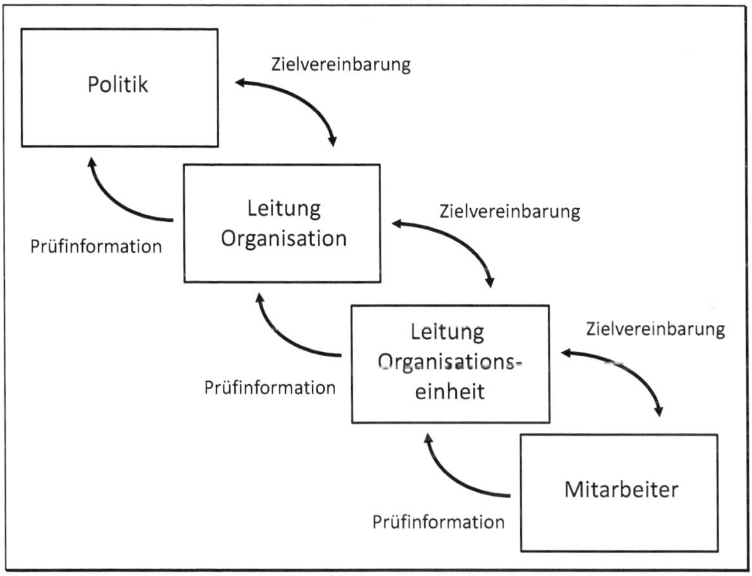


Abb. 16: Mehrebenensystem des Kontraktmanagements

(Quelle: Gourmelon/et al. 2018)

Das Kontraktmanagement geht im Grunde von einer „Kunden-Lieferanten-Beziehung" aus, in der die zu erbringende Leistung genauso geregelt wird, wie die dafür zur Verfügung zu stellenden Ressourcen und die Art und Weise der Berichterstattung darüber, wie die Ressourcen tatsächlich eingesetzt wurden. Elementar ist dabei der Begriff des Produktes, der hier anders als umgangssprachlich üblich

[59] Gourmelon/ et al. (2018)

verwendet wird. Ein mögliches Produkt stellt z.B. die „Schuldnerberatung" dar. Produkte sind in der Terminologie der Sozialverwaltung Gruppen von konkreten „Leistungen"/Tätigkeiten, die zusammen wahrgenommen werden müssen, um eine (Teil-) Aufgabe erfüllen zu können.

Als ein bedeutsames Instrument des NSM ist in diesem Zusammenhang die Budgetierung zu nennen. Diese stellt im Kern auch den Brückenschlag dafür dar, dass das Neue Steuerungsmodell von beträchtlicher Relevanz für die Sozialwirtschaft ist.
Der Sinn dieser Regelung besteht hier vor allem darin, dass der Budgetverantwortliche bei wirtschaftlichem Umgang mit seinem Budget etwaige Überschüsse zumindest teilweise in die nächste Abrechnungsperiode übertragen kann bzw. dass bei unwirtschaftlichem Umgang mit dem Budget keine Gelder nachgefordert werden dürfen. Die Steuerungslogik des Kontraktmanagements trifft unweigerlich auch Bereiche der Sozialwirtschaft, da diese mit Geldern aus dem öffentlichen Sektor zu weiten Teilen ihre Dienstleistung erbringt. Das Budget, über das das Sozialunternehmen bei entsprechender Zuteilung verfügen kann, ist begrenzt und wird ebenfalls über einen Vertrag mit entsprechenden Vorgaben vergeben. Da es im Idealfall nicht möglich sein soll, dass ein nicht ausreichendes Budget nachträglich erhöht wird, tritt für die sozialwirtschaftliche Organisation ein Risiko in der Form ein, dass es dennoch den Vertrag zu den vereinbarten Bedingungen erfüllen muss. Durch das verhandelte Budget nicht gedeckte Beträge müssten letztlich durch Einsparungen oder anderweitige Einnahmequellen gedeckt werden.

## 3.2 Zielvereinbarungen im Personalmanagement

Ziele und Zielvereinbarungen finden ihren Niederschlag im Bereich des Personalmanagement sowohl im Rahmen von Mitarbeiter-Vorgesetzten Gesprächen als auch im Rahmen von leistungsorientierter Entlohnung zur Entgeltdifferenzierung zur Steuerung der Arbeitsleistung. Als Führungsinstrument findet sich diese Vorgehensweise im Führungsmodell des Führens mit Zielvereinbarungen (Management by objectives, MbO) sowie auch in variierter Form im so genannten Management by Exceptions (MbE) wieder.

Mittels des MbO soll versucht werden unternehmerische und individuelle Ziele miteinander zu verbinden. Ausgehend von den Zielen der Organisation vereinbaren Mitarbeiter und Vorgesetzter individuelle Ziele, im Regelfall für ein Jahr, die der Mitarbeiter weitgehend eigenverantwortlich realisieren soll. Im Fall von leistungsorientierter Entlohnung sind bei Erreichen des vereinbarten Ziels monetäre Belohnungen vorgesehen. Ansätze einer leistungsorientierten Entlohnung finden sich – importiert aus dem Tarifvertrag öffentlicher Dienst (TVöD) - zunehmend auch in der Sozialwirtschaft.

Treten im Laufe des Zielzeitraumes im Umfeld der Organisation Änderungen auf, die das vereinbarte Ziel nicht länger als sinnvoll erscheinen lassen, dann können die Ziele diesen Veränderungen auch angepasst werden. Hinsichtlich der Frage danach, wie viele Ziele mit einem Mitarbeiter vereinbart werden sollten, gibt es keine allgemeingültigen Antworten. Zum Teil werden in der Fachliteratur drei bis sieben anspruchsvolle Ziele empfohlen. Die Ziele können danach auf verschiedene Inhalte abheben:[60]

---

[60] Steiger/Lippmann (2013, S. 183f.). Leicht verändert.

- Leistungs- und Ergebnisziele, die den Umfang und die Qualität der erwarteten Ergebnisse betreffen.
- Innovationsziele, die die Ansprüche an die Ergebnisse außerhalb der Routinen und Gewohnheiten betreffen.
- Kooperationsziele, die den Umgang bzw. das Verhalten auf allen Ebenen der Organisation betreffen, wie etwa zwischen Teams und Abteilungen oder auch Wettbewerbern.

Die nachstehende Abbildung illustriert einen idealtypischen Ablauf eines Management by objectives Prozesses.

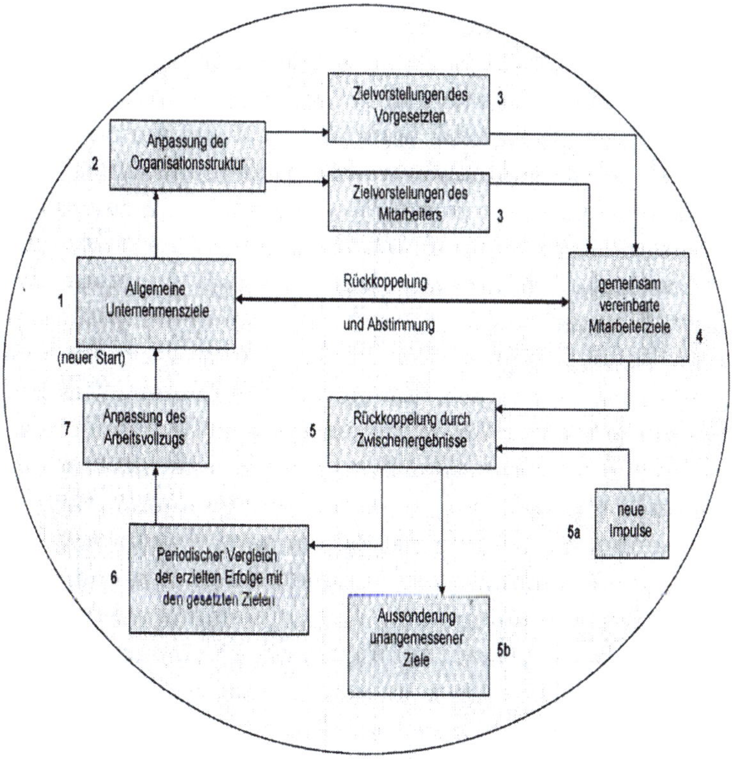


Abb. 17: Management by Objectives

(Quelle: Odiorne 1967, S. 192 zit.n.Schirmer/Woydt 2012, S. 137

In der Variante des Management by Exceptions werden Ausnahmetatbestände genannt, in denen die Führungskraft in den Aufgabenvollzug des Mitarbeiters (nur) eingreifen soll. In beiden Varianten wird aber zwingend verlangt, dass es Aufgabe des Vorgesetzten ist, den Mitarbeiter mit den zur Zielerreichung notwendigen Ressourcen (Geld, Zeit, Sachmittel, Personal etc.) auszustatten. Darüber hinaus werden an die Formulierung von

Zielen regelmäßig die folgenden Voraussetzungen gestellt:[61]

a) Strategieförderlich: Ist ein Bezug zur Unternehmensstrategie gegeben?
b) Beeinflussbar: Kann der Mitarbeiter die Zielerreichung generieren?
c) Anspruchsvoll: Erfordert das Ziel eine positive Leistungsanpassung?
d) Realistisch: Entspricht das Ziel dem individuellen Leistungsvermögen?
e) Akzeptanz: Ist das Ziel weder von oben aufgezwungen noch von unten abgetrotzt?
f) Überprüfbar: Sind messbare Beurteilungskennzahlen definiert?
g) Resultatsbezogen: Sind die Ziele als Ergebnis und nicht als Prozess definiert?
h) Abstimmung: Sind die Ziele vertikal und horizontal in das Zielsystem integriert?

In vergleichbarer, etwas einfacherer Weise gibt die so genannte SMART-Formel vor, dass Ziele spezifisch, messbar, attraktiv, realistisch und terminiert sein sollen.

**Literaturempfehlung für ein tiefergehendes Studium der in diesem Kapitel behandelten Themen:**

Mroß, M.: Organisationslehre für Sozialmanagement und Sozialverwaltung, Bremen 2012

---

[61] Crisand (2001, S.85f.)

# 4. Organisation

## 4.1 Begriff und Verständnis von "Organisation"

Es gibt nur wenige Begriffe, die eine derartig große Vielfalt an praktischen Erscheinungen aufweisen, wie der Begriff der Organisation. Menschen sind umgeben von Organisationen. Die meisten Menschen kommen in einer Organisation namens Krankenhaus auf die Welt, besuchen Organisationen wie Kindergärten, Schulen, Hochschulen und finden sich schließlich auch einer Organisation als Betrieb wieder. Innerhalb all dieser Organisationen sind Menschen außerdem – zum Teil unbewusst – eingebunden in ein „Organisiertsein", das heißt, in ein Geflecht von Regeln und Abläufen. In betrieblichen Zusammenhängen wird der Organisationsbegriff mehr oder weniger analog zu den obigen Beispielen gebraucht. Verbreitet ist es den Organisationsbegriff elementar in zwei Ausprägungen zu unterscheiden:

- Institutioneller Organisationsbegriff
- Instrumentaler Organisationsbegriff

Im Falle des institutionellen Organisationsbegriffs wird die Organisation als Einheit betrachtet. Es steht die Frage im Mittelpunkt, was das Gebilde „ist": Das Unternehmen, das Jugendamt, das Pflegeheim etc. „ist" eine Organisation bzw. auch Institution. Demgegenüber stellt das instrumentale Verständnis von Organisation die Tätigkeit bzw. auch das Ergebnis dieser Tätigkeit in den Mittelpunkt. Das Zusammenspiel von Mitarbeitern untereinander oder von Mitarbeitern und Sachmitteln und auch von Sachmitteln und Sachmitteln muss koordiniert, d.h. organisiert werden. Das bedeutet, das Unternehmen, das Jugendamt, das Pflegeheim etc. „wird organisiert“ bzw. „hat“ eine Organisation. Eine verbreitete Definition von Organisation lautet:

„Unter Organisation ist sowohl das zielorientierte ganzheitliche Gestalten von Beziehungen in offenen sozialen Systemen als auch das Ergebnis dieser Tätigkeit zu verstehen.“[62]

Soziale Einrichtungen als Organisationen verfolgen auf verschiedenen Ebenen eine Zielorientierung. Einmal beispielsweise als Diakonisches Werk der evang. Kirche der Stadt Köln kann die Zielorientierung aus dem Hilfeauftrag eines christlichen Weltbildes abgeleitet werden. Eine konkrete Einrichtung innerhalb der Diakonie Köln, z.B. eine stationäre Einrichtung der Behindertenhilfe, verfolgt innerhalb des obigen Gesamtziels, das konkrete Ziel den Menschen mit Behinderung eine bestmögliche Förderung zukommen zu lassen. Organisationen, wie z.B. das Jugendamt, hingegen können als Instrumente aufgefasst werden, derer sich staatliche Stellen bedienen, um gesetzliche Aufträge oder Ziele zu erfüllen. Als offene soziale Systeme sind in Organisationen Menschen tätig, die sich gegenseitig beeinflussen und auch von außen beeinflusst werden. Da Menschen oftmals auch unterschiedliche Ziele verfolgen, die auch nicht zwangsläufig mit dem Organisationsziel konform gehen müssen, existieren innerhalb von Organisationen i.d.R. permanent Zielkonflikte. Evident etwa der individuelle Wunsch nach mehr Gehalt, der tendenziell in einem gewissen Widerspruch zum Ziel der Sozialen Organisation steht, möglichst viele Ressourcen für die Soziale Hilfe einzusetzen.

Diese Konflikte gilt es zu gestalten und zu steuern, also zu

---

[62] Vahs (2015, S. 15)

´managen´. Schließlich weisen Organisationen eine formale Struktur auf. Sie sind durch Regeln und Vorgaben strukturiert. Es sind diese Regeln, die der Organisation ihr Gerüst, ihre Beständigkeit, Effizienz und Effektivität verleihen. Damit die Organisation dieses Gerüste bilden kann, muss innerhalb jeder Organisation eine gesicherte Vorstellung darüber entwickeln werden, welche Aufgaben und Teilaufgaben zur Erfüllung des Organisationszwecks, z.B. der Jugendhilfe, der Altenhilfe etc., anfallen. Einen Überblick über die in der Organisation anfallenden Aufgaben lässt sich z.B. über das Instrument der so genannten Aufgabenanalyse gewinnen, das an dieser Stelle nicht weiter ausgeführt wird.[63]

## 4.2 Die Stelle als Organisationsobjekt

Die Aufgaben, die unter sachgerechten, sinnvollen Überlegungen geordnet zusammengefasst werden, bilden die kleinsten organisatorischen Einheiten: Die Stellen.

Die Stellenbildung umfasst demnach das Zusammenstellen von sinnvollen Aufgabenbündeln. Dabei ist im Regelfall darauf zu achten, dass diese Zusammenstellung unabhängig von einer konkreten Person erfolgt, so dass auch bei einem Wechsel des Stelleninhabers die Stelle ohne Veränderung der Aufgabenstellung neu besetzt werden kann. Man stellt die Stelle daher im Hinblick auf einen fiktiven, durchschnittlich begabten und motivierten Aufgabenträger zusammen. Die Stelle ist also ein Bündel von (Teil-)Aufgaben und die kleinste Einheit innerhalb der Aufbauorganisation.

Die sich daran anschließende Aufgabe der Besetzung dieser Stellen mit konkreten Personen (Personalbeschaffung) stellt keine organisatorische Angelegenheit mehr dar, sondern ist

[63] Vgl. dazu z.B. Mroß (2012, S. 72ff.)

eine Aufgabe des Personalmanagements.

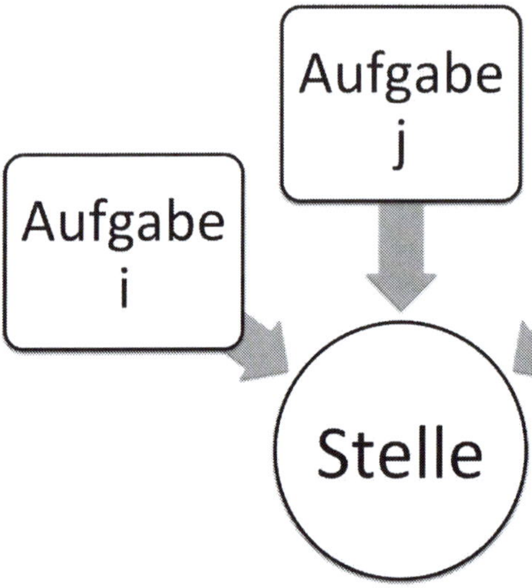


Abb. 18: Zusammenhang von Aufgaben und Stelle

Unter Berücksichtigung wirtschaftlicher Überlegungen lässt sich grundsätzlich feststellen, dass Bündel von Aufgaben, also Stellen, die sehr spezialisiert sind, die also nur wenige (leichte oder komplexe) Aufgaben umfassen, im Regelfall produktiver sind als Stellen, die mehrere verschiedene Aufgaben beinhalten. Die Bezeichnung *produktiver* meint hier schlicht die Relation Outputmenge/Inputmenge, wobei die Produktivität als Kenngröße für die Beurteilung von sozialen Dienstleistungen allein genommen i.d.R. nicht ausreichend ist. Hinzutreten müssen Aspekte der Qualität und Wirksamkeit. Die Produktivität darf allerdings auch nicht ignoriert werden. Häufig stehen diese Fragen aber auch in Wechselwirkung zueinander. Eine Fachkraft in der Suchtberatung, die z.B. hochspezialisiert *ausschließlich* Klienten mit Medikamentensucht berät, wird diese Beratung im Regelfall produktiver und zu besserer Qualität durchführen können, als eine Fachkraft, die Beratung zu verschiedenen Suchtproblemen anbietet. Daraus jedoch abzuleiten, dass Stellen mit spezialisierten Zuschnitt stets vorteilhafter sind, wäre irreführend. Denn je ausgeprägter die Arbeitsteilung, also die Spezialisierung ist, desto höher ist auf der anderen Seite auch der Abstimmungs- bzw. Managementaufwand. Die vielen kleinen Aufgaben(bündel) müssen wieder im Hinblick auf das Gesamtziel der Organisation zusammengeführt werden. Dies stellt eine typische, wenn nicht sogar die wichtigste Managementaufgabe dar (Abb. 19).

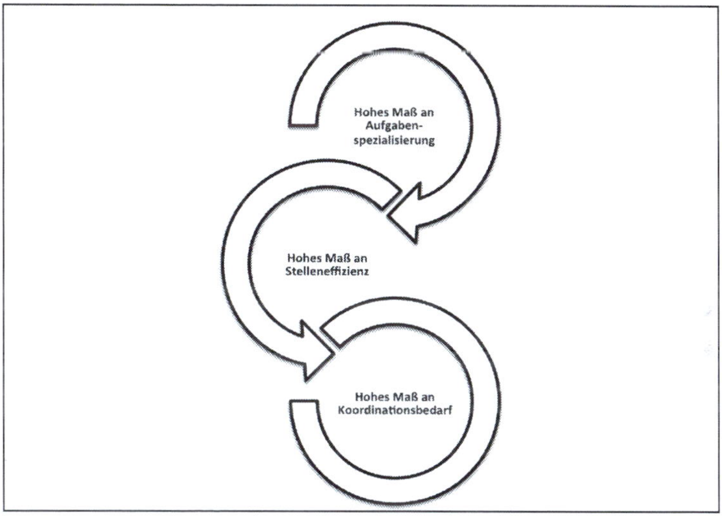


Abb. 19: Spezialisierung, Effizienz und Koordinationsbedarf

Am Ende von organisatorischen Bemühungen steht in der Praxis regelmäßig eine statische Struktur des Betriebes (der Wohlfahrtsorganisation, der Sozialen Einrichtung, der Verwaltung, der Unternehmung etc.). Diese Struktur gibt den inneren Aufbau des Betriebes bzw. der Sozialen Organisation wieder. Innerhalb dieser Struktur ist festgelegt, welche Stelle, welche Aufgaben zu erfüllen hat. Man spricht hier von der Aufbauorganisation, deren bildhafte Darstellung im Regelfall durch ein entsprechendes Organigramm (siehe unten) erfolgt.

## 4.3 Die Stellenbeschreibung

Die Stellenbeschreibung ist ein Instrument der Aufbauorganisation. Sie beschreibt die Hauptaufgaben der Stelle, die Eingliederung in die Gesamtorganisation und im Regelfall auch die Befugnisse der Stelle. Wird die Stellenbeschreibung als Instrument der Organisation verstanden, dann kann sie definiert werden als schriftliche, verbindliche, in einheitlicher Form formulierte Darstellung der Eingliederung der Stelle in die Organisationshierarchie, einschließlich der Bezeichnung ihrer Ziele, Aufgaben, Kompetenzen und Beziehungen zu anderen Stellen. Regelmäßig werden daher mindestens die folgenden Inhalte in einer Stellenbeschreibung zu finden sein:

- Stellenbezeichnung,
- Ziele der Stelle,
- hierarchische Einordnung
- Stellenvertretungsregeln
- Verantwortung und Entscheidungsbefugnisse.

Bei der Formulierung von Stellenbeschreibung ist darauf zu achten, dass diese unabhängig von einem oder dem konkreten Stelleninhaber erfolgt. Andernfalls müsste die Stellenbeschreibung bei jedem Personalwechsel wieder auf die jeweilige Person individuell angepasst werden, was bei großen

Organisationen der Sozialwirtschaft mit Organisationen mit 2000 und mehr Mitarbeitern in keinem angemessenen Verhältnis zum Nutzen stünde. Des Weiteren gilt es im Auge zu behalten, dass es nicht darum geht in der Stellenbeschreibung sämtliche Aufgaben aufzulisten. Es sind nur die „wichtigsten Aspekte" zu nennen; eine Auflistung aller Aufgaben ohne Berücksichtigung ihrer Bedeutung kann zu einem unangemessen hohen „Bearbeitungsaufwand" bei der in bestimmten Zeitabschnitten notwendigen Aktualisierung der Stellenbeschreibung führen.

Auch wenn im Bereich der Freien Wohlfahrtspflege keine Pflicht besteht Stellenbeschreibungen zu formulieren, ist es auch gerade aus der Sicht der Organisation durchaus sinnvoll derartige Beschreibungen anzufertigen. Stellenbeschreibungen können als ein aufbauorganisatorisches Instrument verstanden werden. Die folgenden (Haupt-) Zwecke können entsprechend zugewiesen werden:

- Dokumentation der Aufgaben und Ziele einer Stelle, so dass z.B. gerade für neue Mitarbeiter und auch Führungskräfte klar wird, was von ihnen erwartet wird.
- Transparenz bzgl. der Über- und Unterordnungsverhältnisse, so dass in Zweifelsfragen eindeutig geklärt ist, welche hierarchiebedingten Zusammenhänge bestehen. Dies stellt gerade für (scheinbar) hierarchiearme Nonprofit-Organisationen eine im Konfliktfall hilfreiche Ordnungswirkung dar.
- Klarheit bzgl. der Entscheidungsbefugnisse, so dass nicht nur für neue Mitarbeiter unmissverständlich deutlich ist, wer was entscheiden darf bzw. muss.

- Grundlage für Stellenausschreibungen, indem die oben genannte Beschreibung der Aufgaben und Ziele der Stelle leicht in eine Stellenausschreibung übertragen werden kann.

- Grundlage für Leistungsbewertung, so dass sowohl der Beurteiler als auch der Beurteilte einschätzen kann, was die zu erwartende Normleistung des Stelleninhabers (also des Mitarbeiters) darstellt.

- Grundlage für Stellenbewertung, um zu bestimmen mit welcher konkreten Vergütung eine Stelle zu verbinden ist, ohne diese aber zwingend in die Stellenbeschreibung aufführen zu müssen.

## 4.4 Abbildung und Arten der Organisation

Der Aufbau einer Sozialen Organisation ist abhängig davon, nach welchen Gesichtspunkten die Aufgaben zu größeren Einheiten von Aufgaben i.S.v. Stellen und Abteilungen usw. zusammengefasst werden. Nicht nur in großen Sozialen Einrichtungen ist es mittlerweile üblich, den Aufbau der Einrichtung mit Hilfe eines Organigramms darzustellen. Ein Organigramm bildet die innere Struktur und bis zu einem gewissen Grad auch die Über- und Unterordnungen ab. Jedoch ist in der Regel nicht jede einzelne Stelle in dem Organigramm dargestellt, was allenfalls für verhältnismäßig kleine Einrichtung sinnvoll möglich ist. Ein Organigramm kann vertikal oder horizontal dargestellt werden.

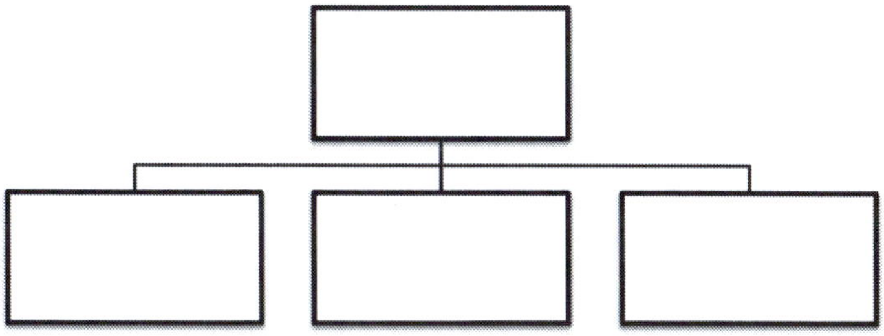

Abb. 20: Vertikales Organigramm

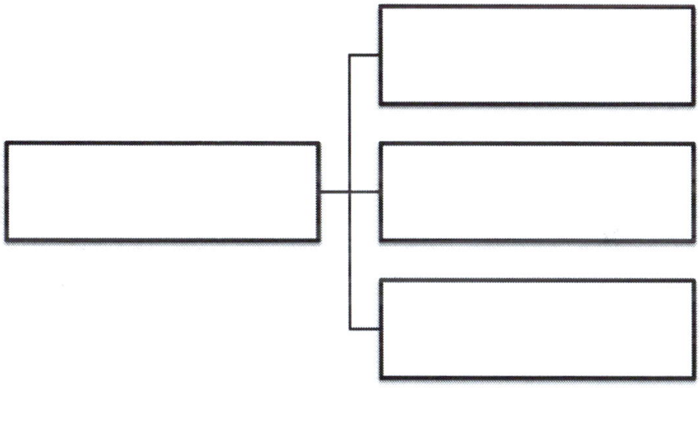

Abb. 21: Horizontales Organigramm

Im Zusammenhang mit der Betrachtung der Aufbauorganisation ist es des Weiteren bedeutsam zunächst zwei Arten von betrieblichen Ebenen zu unterscheiden:

- Leitungsebene (mit Weisungsbefugnis bzgl. der Arbeit anderer Mitarbeiter), z.B. Abteilungsleitung „Behindertenhilfe“
- Ausführungsebene (ohne Weisungsbefugnis), z.B. pädagogische Fachkraft im Gruppendienst einer Einrichtung der Abteilung Behindertenhilfe.

Eine Stelle mit Weisungsbefugnis bzgl. nachgelagerter Stellen wird dabei als Instanz bezeichnet. Die Anzahl der einer Instanz direkt unterstellten Stellen beschreiben die Leitungsspanne (syn. Kontrollspanne). So beträgt die Leitungsspanne im Falle der Leitung einer Einrichtung der Jugendhilfe, der fünf Sozialpädagogen direkt unterstellt sind, beispielsweise 1:5. Je höher der Ausbildungsstand der unterstellten Mitarbeiter, desto selbständiger werden diese arbeiten können, desto größer kann die Leitungsspanne sein; und umgekehrt.

### 4.4.1 Verrichtungs- bzw. funktionsorientierte Organisationsstruktur

Für Organisationen stellt sich stets die Frage, nach welchem Grundsatz oder welchen Prinzipien die Organisation erfolgen soll. Dies ist insbesondere im Hinblick auf eine möglichst eindeutige Zuständigkeit eine bedeutsame Frage. Dazu lassen sich zwei wesentliche Prinzipien unterscheiden: Die funktionale bzw. verrichtungsorientierte und die objektorientierte Organisationsstruktur. Funktionale Organisation unterteilt auf der zweiten Hierarchieebene nach betrieblichen Funktionen, die im Regelfall den Leistungserstellungsprozess der Einrichtung wiedergibt. In der Sozialwirtschaft ist eine funktionale Gliederung auf der Ebene des Gesamtunternehmens allerdings eher unüblich. Für ein Unternehmen der Sozialwirtschaft bietet sich die funktionale Gliederungsform eher auf unteren Ebenen an. Folgendes Beispiel zeigt für die Abteilung „Altenhilfe" im Haus B eine funktionsorientierte Organisation.

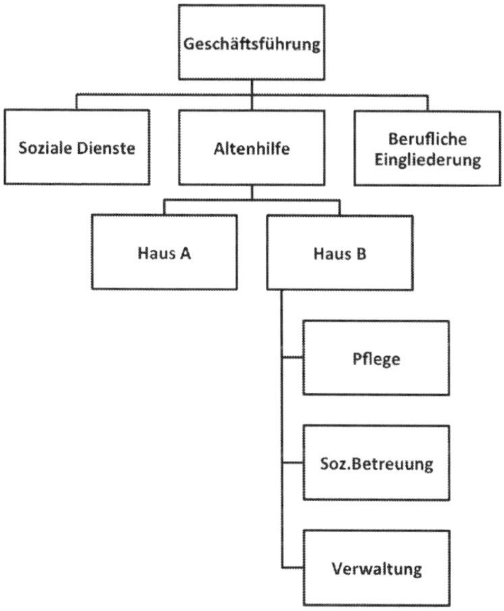


Abb. 22: Organisationsprinzipien - Beispiel

Die folgende Tabelle stellt exemplarische Vor- und Nachteile der verrichtungsorientierten Organisation vergleichend gegenüber.

| Organisation nach Verrichtungen | |
|---|---|
| Vorteile | Nachteile |
| • Spezialisierungsvorteile innerhalb der einzelnen Funktionen<br>• Kostendegressionseffekte innerhalb der einzelnen Funktionen<br>• Berücksichtigung von Marktinterdependenzen | • Kein Bereich übernimmt die Gesamtverantwortung für ein Produkt/ Dienstleistung<br>• Der „Blick für das Ganze" fehlt<br>• Ergebnis- und Erfolgszurechnung auf einzelne Bereiche schwierig, dadurch ggf. Motivationsprobleme |

Abb. 23: Ausgewählte Vor- und Nacheile verrichtungsorientierter Organisation

### 4.4.2 Objektorientierte bzw. divisionalisierte Organisationsstruktur

In Organisationen der Sozialwirtschaft wird im Regelfall eine objektorientierte Organisationsform vorzufinden sein. Die objektorientierte (syn. divisionalisierte) Organisation kennzeichnet sich dadurch, dass auf der zweiten Hierarchieebene eine Ordnung nach Objekten oder Sparten (Divisionen) erfolgt. Als organisationsbildende Objekte kommen verschiedene Kriterien in Frage:

- Für eine Einrichtung der Suchtberatung z.B.: Tablettensucht, Spielsucht, Alkoholsucht
- Für eine Einrichtung der Behindertenhilfe z.B.: Körperliche Behinderungen, Geistige Behinderungen, Mehrfache Behinderungen

- Für eine Einrichtung der Altenhilfe z.B.: Stationäre Pflege, Ambulante Pflege, Kurzzeit-Pflege, Betreutes Wohnen

Die Kriterien können etwa nach Kunden/Klienten (z.B. Männlich/Weiblich, Altersgruppen, Sozialräume) auch für Sozialunternehmen sinnvoll sein. Die Organisation in der obigen Abbildung 22 zeigt auf der zweiten Hierarchieebene eine Gliederung nach den Objekten Soziale Dienste, Altenhilfe, Berufliche Eingliederung.

| **Organisation nach Objekten** | |
|---|---|
| Vorteile | Nachteile |
| • Vereinfachte Ergebnis- und Erfolgszurechnung<br>• Entlastung der Organisationsleitung<br>• Vereinfachte An- und Ausgliederung von Bereichen<br>• Höhere Motivation der Bereichsleitungen aufgrund von Selbstständigkeit | • Höherer Bedarf an Leitungsstellen<br>• Gefahr kurzfristiger Erfolgsorientierung bei Bereichen mit Marktnähe<br>• Synergieverluste<br>• Verlust von Spezialisierungsvorteilen |

Abb. 24: Ausgewählte Vor- und Nachteile objektorientierter Organisation

### 4.4.3 Matrixorganisation

Die Matrixorganisation stellt in gewisser Hinsicht eine Kombination von Verrichtungs- und Objektorganisation dar. Es entsteht daraus eine Gitterstruktur mit dem Aussehen einer Matrix, das dem Gebilde auch seinen Namen gab. Die Matrix-Organisation ist von dem Gedanken geleitet die Vorzüge von

Verrichtungs- und Objektorientierung miteinander zu verbinden, weist aber auch selbst eigene Vor- und Nachteile auf.

| **Matrixorganisation** | |
|---|---|
| Vorteile | Nachteile |
| • Einfacher Informationsaustausch aufgrund direkter Wege<br>• Nutzung von Spezialisierungsvorteilen<br>• Permanente Teamarbeit der Leitungsebene fördert Qualität der Problemlösungen | • Keine einheitliche Leitung<br>• Hoher Bedarf an Leitungsstellen<br>• Schwerfällige Entscheidungsprozesse<br>• Hohes Konfliktpotential<br>• Gefahr unbefriedigender Kompromisse |

Abb. 25: Ausgewählte Vor- und Nachteile der Matrix-Organisation

Es entsteht eine Mehr-Linien-Organisation, in der der Mitarbeiter zwei Vorgesetzte hat: Zum einen denjenigen aus der Verrichtungsebene, zum anderen denjenigen aus der Objektebene. Bezogen auf die Sozialwirtschaft wäre es denkbar im Falle eines *sehr* großen Trägers die Matrix-Organisation wie folgt anzuwenden:

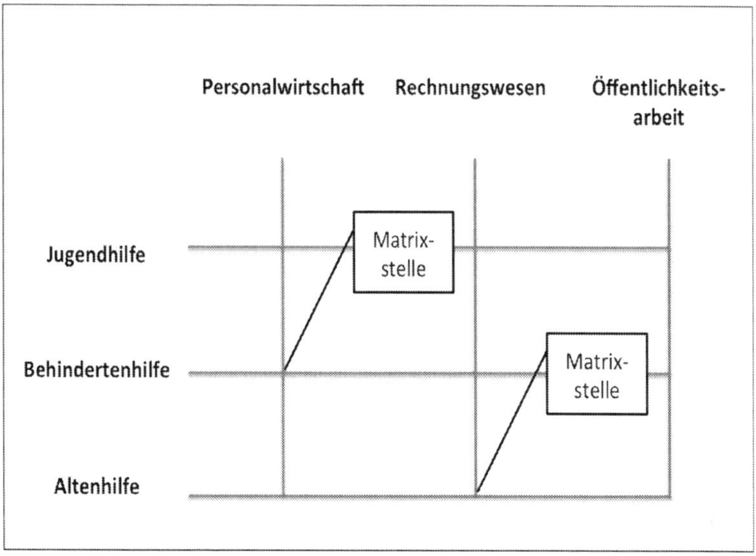


Abb. 26: Matrixorganisation in einer sozialwirtschaftlichen Organisation -Beispiel

An den Knotenpunkten finden sich die so genannten Matrix-Stellen. So ist beispielsweise eine der Matrixstellen für die Personalwirtschaft im Bereich der Behindertenhilfe zuständig, während eine andere für das Rechnungswesen in der Altenhilfe tätig ist.

### 4.4.4Stab- Linien -Organisation

In den beiden oben beschriebenen Organisationsvarianten wird zumindest formal davon ausgegangen, dass die Linienstelleninhaber, z.B. die Abteilungsleitung „Soziale Dienste", die notwendigen Entscheidungen ohne systematische Beratung trifft. Die so genannten Linien-Systeme zeichnen sich folglich dadurch aus, dass die Instanzen ein hohes Maß an Informationen zu verarbeiten haben. Diese Feststellung kann sowohl für Ein- als auch für Mehr-Linien-Systeme (siehe unten) aufgestellt werden. Gerade in den großen Organisationen der Sozialwirtschaft ist es aber durchaus verbreitet, dass den Linienvorgesetzten Beratungsstellen zur Seite gestellt werden. Eine solche Organisationen wird dann als Stab-Linien-Organisation bezeichnet, wobei eine Stabsstelle im Organigramm als „Kreis-Symbol", zuweilen auch als Dreieck, gekennzeichnet wird, das sich rechtwinklig von der Linie abspreizt.

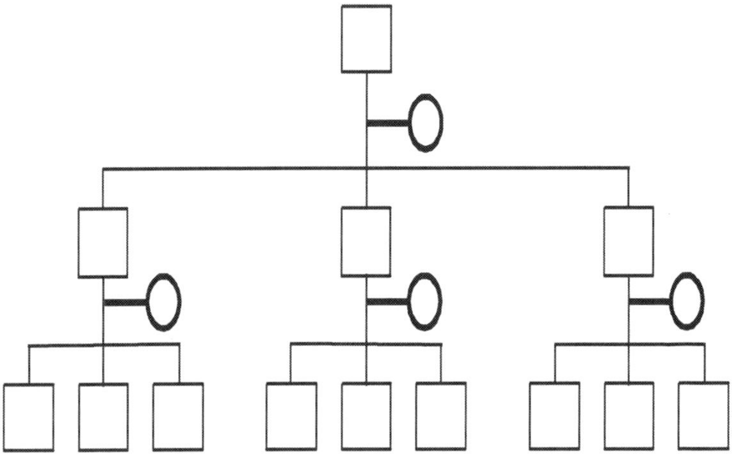

Abb. 27: Stab-Linien-Organisation

(Quelle: Schulte-Zurhausen 2010)

Stäbe sind Beratungs- und Unterstützungsstellen für Leitungen (Linienstelle). Im Normalfall besitzen die Stäbe gegenüber der Linie kein Weisungsrecht. Die Entscheidung und damit auch die Verantwortung der Entscheidung liegt damit weiterhin - auch nach erfolgter Beratung - *allein* bei den Linienstelleninhabern.

Eine auch in sozialwirtschaftlichen Unternehmen sehr verbreitete typische Stabseinheit ist das Controlling. Dieses bietet dem Linienvorgesetzten, z.B. der Geschäftsführung oder einer Abteilungsleitung, eigens für den Beratungszweck aufbereitetes Zahlenmaterial, auf dessen Basis der Linienvorgesetzte entscheiden kann. Der typische Aufgabeninhalt von Stabsstellen ist wie folgt:

- fachliche Beratung der Linie
- Entscheidungsvorbereitung für die Linie
- Anregung, Entwicklung und Formulierung von Zielen
- Bearbeitung von speziellen Aufgaben, die keiner Linienstelle dauerhaft zugeordnet werden können
- Allgemeine Informationsbeschaffung und -verarbeitung für die Linie

Zusammenfassend lässt sich daher festhalten, dass es Aufgabe von Stäben ist, Sachwissen der Linieninstanzen zu kanalisieren, Informationen zu verdichten, Daten auszuwählen und entscheidungsreif vorzubereiten etc.

### 4.4.5 Ein-und-Mehr-Linien-Organisation

Die Unterscheidung nach Ein-oder-Mehrliniensystemen stellt eine etwas anders gelagerte Sichtweise auf die Aufbauorganisation dar, als die Differenzierung nach Funktionen oder Objekten. Im Kern geht es hier um die Frage nach den Über- und Unterordnungsverhältnissen in Hierarchien. Im Falle des so genannten Ein-Linien-Systems liegt eine klare, eindeutige Hierarchiebeziehung vor. Man spricht von einem einheitlichen Instanzenweg. Jeder Mitarbeiter hat genau *einen* direkten Vorgesetzten.

Die Leitung einer Kindertagesstätte ist beispielsweise die direkte und eindeutige Vorgesetzte jeder Erziehungskraft in der Einrichtung, wobei hier davon ausgegangen wird, dass es sich um eine kleine Einrichtung handelt, so dass keine Gruppenleitungen existieren. Die nachstehende Abbildung 28 zeigt ein allgemeines Beispiel für ein Ein-Linien-System.

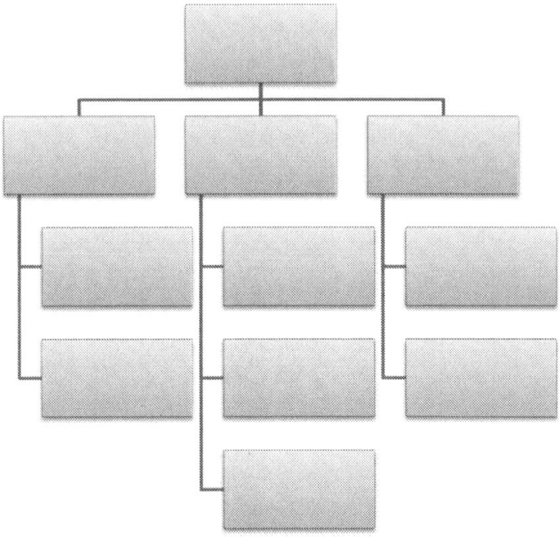

Abb. 28: Ein-Linienorganisation

Insgesamt liegt im Falle der Ein-Linien-Organisation eine Entscheidungszentralisierung vor. Der so genannte Dienstweg ist eindeutig, so dass für Mitarbeiter im Zweifel keinerlei Irritationen darüber bestehen, wer der Vorgesetzte ist. In (im neutralen Sinne) „bürokratischen" Organisationskulturen wird diese Form regelmäßig vorzufinden sein.

Vorteile des Ein-Linien-Systems:

- Rechte und Pflichten sind klar abgegrenzt
- Einheit der Auftragserteilung
- Wenig Kompetenzdiskussionen
- Klarheit über den Weg der (dienstlichen) Kommunikation

- Erleichterte Kontrolle
- Klare Zuordnung von Verantwortung im positiven und negativen Fall

Nachteile des Ein-Linien-Systems

- Starke Belastung der Leitungsspitze
- Unflexibel, schwerfällig aufgrund vorgegebener Kommunikationswege
- Spezialisierungspotentialen wird entgegengewirkt
- Gefahr der Informationsverzerrung auf dem Dienstweg
- Überbetonung der hierarchischen Stellung

Das dem Ein-Linien-System innewohnende Prinzip der Einheit der Auftragserteilung wird beim so genannten Mehr-Linien-System (syn. „Funktionsmeister-Prinzip“) aufgegeben. Der einzelne Mitarbeiter hat in diesem Falle zwei oder mehr Vorgesetzte, von denen er fachliche Weisungen erhält. Die in der nachfolgenden Abbildung dargestellte völlige Unterstellungsvariante ist dabei als ein theoretischer Extremfall zu verstehen. Die Einheitlichkeit der Leitung und der Auftragserteilung wird demzufolge aufgegeben.

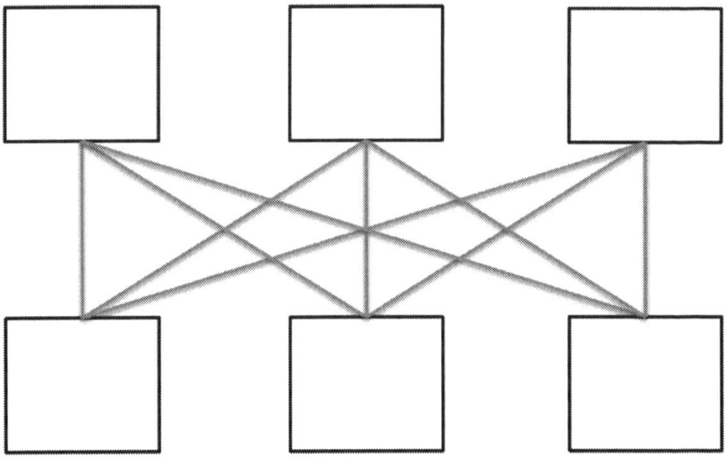

Abb. 29: Mehr-Linienorganisation

In der Praxis findet sich eine Mehrfachunterstellung z.B. in der Form, dass zwischen fachlicher und disziplinärer Unterstellung unterschieden wird. In der stationären Altenhilfe kennen wir z.B. die Unterscheidung von Heimleitung und Pflegedienstleitung, wobei die pflegerischen Mitarbeiter fachlich der Pflegedienstleitung unterstellt sind, welche die fachliche Verantwortung für die Pflege innerhalb der Einrichtung trägt. Die Heimleitung muss nicht zwingend auch eine Pflegefachkraft sein.

Vorteile des Mehr-Linien-Systems

- Vermeidung des (schwerfälligen und zeitintensiven) Instanzenweg
- Direkte fachliche Anweisungen, ohne Umweg des Dienstweges
- Spezialisierung wird gefördert

Nachteile des Mehr-Linien-Systems

- Gefahr der Kompetenzüberschneidung
- Gefahr von Loyalitätskonflikten für den Mitarbeiter
- Verstoß gegen den Grundsatz der Einheit der Auftragserteilung

### 4.4.6 Ablauf- und Prozessorganisation

Fragen des Aufbaus und des Ablaufs von bzw. innerhalb von Organisationen werden, so auch hier, regelmäßig getrennt voneinander diskutiert. Dies geschieht aus didaktischen Gründen. Tatsächlich hängen diese beiden Themen ganz eng zusammen, sie sind die sprichwörtlichen zwei Seiten derselben Medaille. Änderungen im Bereich des Aufbaus, z.B. die Einrichtung einer neuen Stelle, wirken sich im Regelfall immer auch auf Abläufe aus. Dieses wird deutlich, wenn man bedenkt, dass diese neue Stelle nicht isoliert im Raum steht, sondern von anderen Stellen Arbeit, Informationen etc. entgegennimmt, diese bearbeitet und an andere Stellen oder den externen Kunden/Klienten weitergibt: D.h. die Stelle ist in die Abläufe/Prozesse der Einrichtung eingebunden. Die folgende Abbildung stellt diese Perspektive idealtypisch dar.

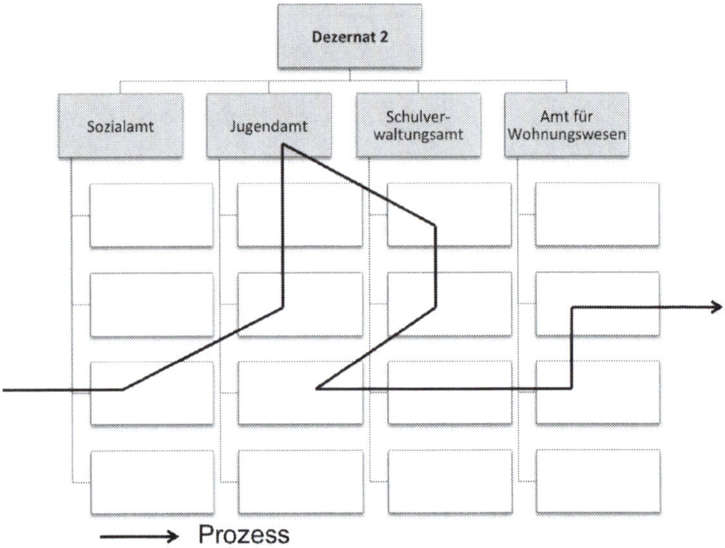


Abb. 30: Prozessorientierte funktionsübergreifende Sicht

(Quelle: Gourmelon/et al. 2018)

Ablauf- bzw. Prozessorganisation, beides kann im Rahmen dieser elementaren Einführung als synonym gesetzt werden, lassen sich allgemein verstehen als eine Gruppe von Aufgaben oder Arbeitsschritten, die sinnvoll aufeinander abgestimmt und voneinander abgegrenzt, einen bestimmten Prozess definieren. Im Rahmen eines Prozesses steht zu Beginn als Anstoß ein bestimmter Input. Daraufhin werden Ressourcen (z.B. Zeit, Geld) eingesetzt und zu einem Gut oder einer Dienstleistung (Output) gebündelt, die beim Empfänger ein Bedürfnis befriedigt. Am Anfang und Ende von Prozessen stehen damit Ereignisse. Das Outputereignis kann z.B. eine Beratung und das Inputereignis kann z.B. ein Antrag oder eine Anfrage darstellen. Nimmt man als ein einfaches Beispiel ein Schülerkurs zur Suchtprävention, dann wird der primäre Prozess durch den Input angestoßen, dass die Anmeldung/Anfrage einer Schule eingeht, sodann Präventionsmaßnahmen stattfinden und schließlich als Output z.B. die Bestätigung der Teilnahme an dem Kurs steht. In der Regel kann ein Haupt- der Primärprozess nicht erledigt werden, ohne dass unterstützende Prozesse, so genannte Sekundärprozesse (z.B. Verwaltung, technische Dienste, Küche), ebenfalls erfolgreich – in der Regel im Hintergrund - ablaufen.

Im Rahmen des Prozessdenkens wird von einem Lieferanten-/Kunden-Verhältnis ausgegangen. Dabei muss der Kunde nicht zwingend eine externe Person oder Institution sein. Auch innerhalb der Einrichtung wird von internen Kunden gesprochen. Dies ist beispielsweise dann der Fall, wenn Arbeitsschritte und Prozesse ineinander übergehen bzw. sich anschließen (z.B. der Übergang vom Nacht- in den Tagdienst einer Einrichtung). Das Denken in Lieferanten-Kunden-Kategorien zielt auf den Arbeitsprozess ab, in dem sich der *Lieferant* (z.B. der Nachtdienst) gedanklich in die Lage des *Kunden* (z.B. Tagdienst) versetzt und die Dienstübergabe so ausgestaltet, das der Kunde möglichst einfach den Dienst fortsetzen kann. Beim Übergang vom Nacht- in den Tagdienst wechselt dann das Kunden-Lieferanten-Verhältnis.

Zum Gegenstand eines Managements werden Prozesse insbesondere dann, wenn den Prozessen eindeutige Rollen und Personen als Rolleninhaber zugeschrieben werden. Üblicherweise werden unterschieden:

- Prozesseigner: Der Hauptverantwortliche des Prozesses. Ihm obliegt die Aufgabe regulierend einzugreifen, wenn sich bei Durchführung seines Prozesses fachliche und/oder wirtschaftliche

Defizite abzeichnen. Beispiel: Abteilungsleitung „Behindertenhilfe".

- Prozessverantwortliche: Sie verantworten die sachgerechte, erfolgreiche Durchführung des Prozesses in operativer Hinsicht, also vor Ort. Im Zweifel müssen sich Prozessverantwortliche vor dem Prozesseigner bei Mängeln der Prozessdurchführung verantworten. Beispiel: Hausleitung einer stationären Einrichtung innerhalb der Abteilung „Behindertenhilfe".

- Prozessbeteiligte sind alle Beschäftigten, die sich mit Teilaufgaben des Prozesses befassen. Prozessbeteiligte müssen gegenüber dem Prozessverantwortlichen ggf. darstellen, in welcher Weise sie ihren Teilschritt durchgeführt haben. Beispiel: Pflegefachkraft in der stationären Einrichtung der „Behindertenhilfe".

**Literaturempfehlung für ein tiefergehendes Studium der in diesem Kapitel behandelten Themen:**

Mroß, M.: Organisationslehre für Sozialmanagement und Sozialverwaltung, Bremen 2012

# 5. Qualitätsmanagement

## 5.1 Grundlagen und rechtlicher Bezug

Das Thema des Qualitätsmanagements wird im Zusammenhang mit Sozialer Arbeit inzwischen in nahezu allen Arbeitsfeldern diskutiert. Allgemein lässt sich dieses Thema in eine gesellschaftliche Legitimationsdebatte hinsichtlich der Kosten und dem Nutzen von Sozialer Arbeit verorten. Die Zeiten, in denen mit öffentlichen Geldern finanzierte Soziale Arbeit ohne Weiteres gewünscht und gesellschaftlich finanziert wird, gehören der Vergangenheit an. Öffentliche Kostenträger erwarten je nach sozialem Arbeitsfeld einen mehr oder weniger strengen bzw. reglementierten Nachweis darüber, dass Soziale Arbeit bestimmten Qualitätsansprüchen gerecht wird. Die nachstehende Abbildung gibt einen Überblick über für soziale Arbeitsfelder einschlägige Rechtsvorschriften zum Qualitätsmanagement.

**Qualität im Bereich Grundsicherung für**

**Arbeitssuchende (§ 17 (2) SGB II) und Sozialhilfe (SGB XII)**

- Vereinbarung über Qualität der Leistungsangebote
- Prüfrecht des Kostenträgers bzgl. der vereinbarten Qualität

**Qualitätsentwicklung in der Kinder- u. Jugendhilfe (§ 78b SGB VIII)**

- Vereinbarung über Qualität der Leistungsangebote
- *Kein* Prüfrecht, stattdessen Qualitätsentwicklungsvereinbarung
- - z.B. Nr. 5 Anlage III zu § 8 RV I

**Qualitätsprüfung und -sicherung in der Arbeitsförderung § 84, 86 SGB III**

- Arbeitsuchende können Weiterbildung mit Bildungsgutscheinen „einkaufen".
- Seit 6.4.2012 Zulassung nach AZAV (vorher Zulassung nach AZWV, um Bildungsgutscheine abrechnen zu können. Dominant ist DIN EN ISO 9001:2005
- Qualitätsprüfung bzgl. Durchführung und Erfolg durch die Arbeitsagentur, § 86

**Qualitätsmanagement in der Behindertenhilfe § 20ff. SGB IX**

- Keine Vereinbarungen, sondern Vorgaben
- Explizit wird ein systematisches Verfahren gefordert.
- Für stationäre Einrichtungen besteht Zertifizierungspflicht durch unabh. Verfahren.
- FWP kann (nur) Stellung nehmen, sind keine Vertragspartner.

Abb. 31: Sozialrechtliche Regelungen zum Qualitätsmanagement

Wie in Abbildung 31 ersichtlich, fallen die qualitätsbezogenen Regelungen des Sozialrechtes je nach sozialem Arbeitsfeld recht unterschiedlich aus. Während beispielsweise im Bereich der Grundsicherung Vereinbarungen über die Qualität der Leistung getroffen werden, sind die Regelungen im Bereich der stationären Behindertenhilfe sehr viel bestimmender. Hier wird nicht eine Vereinbarungen getroffen, sondern es wird die *Vorgabe* formuliert, dass ein Qualitätszertifikat erworben werden muss. Während in der Kinder- und Jugendhilfe beispielsweise kein explizites Prüfrecht besteht, wird im Bereich der Arbeitsförderung sowohl die Durchführung als auch der Erfolg der Maßnahme anhand von operationalisierbaren i.d.R. quantitativen Kriterien überprüft.

## 5.2 Qualitäts- und Dienstleistungsbegriff

Qualität (lat. qualitas für Beschaffenheit, Güte, Wert) wird umgangssprachlich oft mit „Gutem“ und „Hochwertigem“ verbunden. Auf Grundlage der ISO-Normreihe steht Qualität für die Gesamtheit von Merkmalen einer Einheit bezüglich ihrer Eignung, festgelegte und vorausgesetzte Erfordernisse zu erfüllen.

Maßgebend für diese „Erfordernisse“ sind die Erwartungen der wichtigsten Stakeholder der Organisation. So kommt z.B. eine Einrichtung der Sozialwirtschaft nicht umhin, neben den Erwartungen der Klienten, insbesondere auch den Erwartungen der öffentlichen Hand als dem primären Kostenträger zu entsprechen.

An dieser Stelle gilt es zu berücksichtigen, dass, von Ausnahmen abgesehen, innerhalb der Sozialwirtschaft keine Sachgüter, sondern Dienstleistungen hergestellt bzw. angeboten werden. Bei der Diskussion um das Thema Qualität muss daher konkreter gefasst von Dienstleistungsqualität gesprochen werden. Dies stellt jedoch keine Besonderheit für die Soziale Arbeit dar. Dienstleistungsqualität „... ist die Fähigkeit eines Anbieters, die Beschaffenheit einer primär intangiblen[64] und der Kundenbeteiligung bedürfenden Leistung gemäß den Kundenerwartungen auf einem bestimmten Anforderungsniveau zu erstellen. Sie bestimmt sich aus der Summe der Eigenschaften bzw. Merkmale der Dienstleistung, bestimmten Anforderungen gerecht zu werden“[65].

Für den Sozialen Dienstleister ist es entscheidend, dass er in der Lage ist jederzeit ein bestimmtes (z.T. vertraglich zugesichertes) Niveau der Dienstleistungsqualität zu sichern, indem

[64] intangibel = nicht greifbar

[65] Bruhn (2006, S. 38)

beispielsweise qualifiziertes Fachpersonal auch dann vorgehalten wird, wenn aktuell gerade kein konkreter Einsatzanlass besteht.

## 5.3 Qualitätsdimensionen

Was die nähere Ausgestaltung des Qualitätsbegriffs angeht, so existieren im Schrifttum mehrere Strukturierungsvorschläge, die im Rahmen dieser Einführung nicht aufgegriffen werden können. Verbreitet und auch für den Sozialbereich weithin akzeptiert ist in Anlehnung an das allgemeine Dienstleistungsmanagement eine Ordnung nach Struktur-, Prozess- und Ergebnisqualität (Abb. 32).

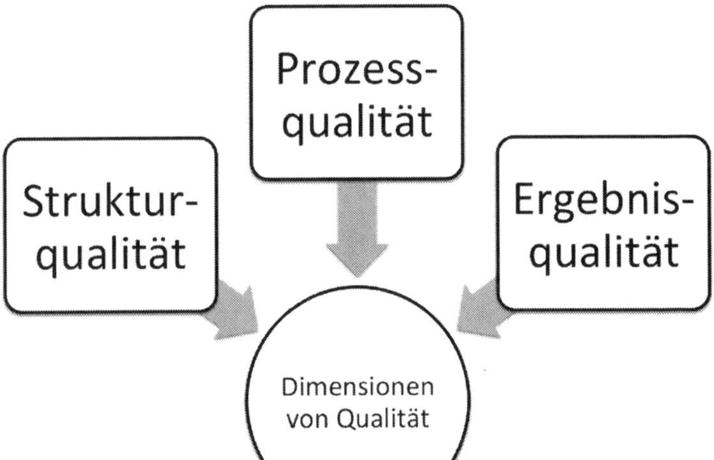


Abb. 32: Qualitätsdimensionen

[[ Die Frage nach der Struktur- oder Potentialqualität rückt die Rahmenbedingungen in den Mittpunkt. Genau wie andere Dienstleistungen auch, vollzieht sich Soziales

Handeln nicht im Vakuum. Die Qualität der einzelnen Arbeitsschritte und die Ergebnisse sind von der Güte und Beschaffenheit der Arbeitsmaterialen (Sachmittelausstattung), dem quantitativen und qualitativen Niveau an Personal (Personalstruktur, Personalschlüssel, Qualifikationsniveau) genauso abhängig, wie von der Größe und der Budgethöhe der Dienstleistungseinheit. Überspitzt ausgedrückt: Ein unterbesetztes Team von minderqualifizierten Hilfskräften, die mit einem viel zu kleinen Geldbetrag ausgestattet, mit veralteten Gesetzestexten in ergonomisch fragwürdig gestalteten Arbeitsräumen Sozialberatung durchführt, wird kaum zu qualitativ zufriedenstellenden Ergebnissen gelangen.

Die Frage nach der Prozessqualität hingegen rückt die Art und Weise der Leistungserstellung in den Fokus. Es geht darum, wie konkret die Soziale Arbeit erbracht wird. Zentral ist an dieser Stelle, welche Anforderungen der Klient/Kunde an die Einrichtung hinsichtlich der Qualität der Durchführung der Leistungserstellung stellt. Hier kommen Bestimmungsgrößen wie Zugangsmöglichkeiten, Schnelligkeit, Verfügbarkeit, Flexibilität etc. zum Tragen.

Die Ergebnisqualität betrachtet schließlich die Eigenschaften des Endproduktes. Mit einiger Berechtigung kann nicht nur, aber auch in der Sozialen Arbeit, in dieser Qualitätsdimension die letztlich entscheidende Größe gesehen werden. Noch einmal überspitzt formuliert: Soziale Hilfen, die mit bester Ausstattung (Strukturqualität), mit pädagogisch ausgefeilten Prozessen (Prozessqualität) durchgeführt werden, aber letztlich bei den Hilfeempfängern keine

Wirkung entfalten, sind faktisch i.w.S. wertlos.[66] Die Ergebnisqualität fragt nach der Angemessenheit von Aufwand und Nutzen einer Maßnahme und in letzter Konsequenz auch nach einem nachweisbaren Nutzen. Ein Ergebnis, das ausschließlich aus Sicht der Profession der Sozialen Arbeit einen Nutzen aufweist, nicht aber aus der Sicht der Kostenträger und Klienten, wird sich auf Dauer kaum vertreten lassen.

Anwender bestimmter Qualitätsmanagement-Systeme, wie etwa bestimmter Ausgestaltungen der DIN EN ISO 9001, können eine so genannte Zertifizierung anstreben. Zertifizierung bedeutet in diesem Zusammenhang, dass der Organisation seitens einer Zertifizierungsgesellschaft, aufgrund einer Prüfung und gegen Entgelt, schriftlich bescheinigt wird, dass die Organisation die Anforderungen des jeweiligen Qualitätsmanagement-Systems erfüllt. In diesem Fall liegt eine so genannte Fremdbewertung der Qualität vor. Für Einrichtungen der stationären Behindertenhilfe besteht beispielsweise eine gesetzliche Pflicht, sich von einer externen Stelle zertifizieren zu lassen.

[66] Aus dem Schrifttum stammt das Beispiel, dass es möglich ist mit bestem Granitstein, mit sinnvoll aufeinander abgestimmten Fertigungsprozessen und unter Beachtung sämtlicher Arbeitsschutzvorschriften von hochqualifizierten Facharbeitern einen Rettungsring aus Stein herzustellen: Ein sinnloses Produkt, das keinerlei wünschenswerte Wirkung bei einem Ertrinkenden entfalten wird.

## 5.4 Qualitätsmanagement nach „EFQM“

Als ein Beispiel für ein auch in Organisationen der Sozialwirtschaft verbreitetes Qualitätsmanagement-Modell, lässt sich das so genannte EFQM-Modell (EFQM für: European Foundation for Quality Management) aufführen.

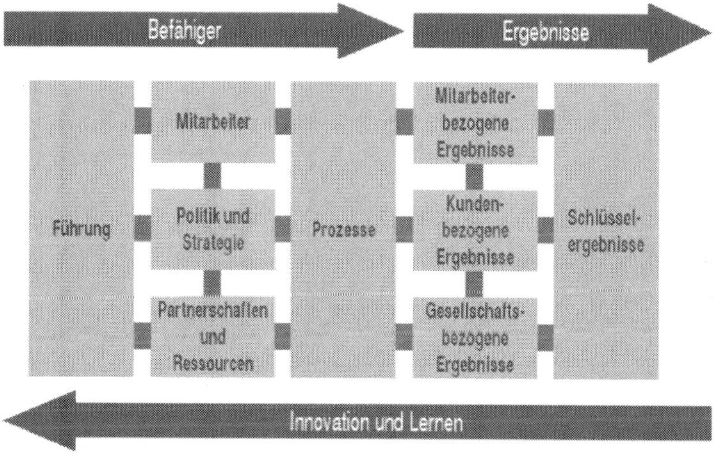


Abb. 33: EFQM-Modell
(Quelle: EFQM)

Das Modell basiert auf den beiden Hauptkomponenten der „Befähiger“ (Enablers) und der „Ergebnisse“ (Results).

- Die **Befähiger** stehen dabei für diejenigen Determinanten einer Organisation, die etwas darüber aussagen, was eine Organisation im Hinblick auf den zielgerichteten Einsatz ihrer Potentiale unternimmt.
- Die **Ergebnisse** hingegen stehen für die Leistungen, die eine Organisation durch den Einsatz oder die Verwendung der Befähiger konkret erzielt.

Die Befähiger umfassen diejenigen Kriterien, die eine Organisation als Tätigkeit bzw. Art und Weise der Tätigkeit in die Lage versetzen, die angestrebten Ergebnisse zu erzielen. Wie in der Abbildung ersichtlich wird, umfasst die Gruppe der Befähiger die Themenfelder Führung, Mitarbeiter, Politik und Strategie, Partnerschaften und Ressourcen sowie Prozesse. Die Gruppe der Ergebnisse umfasst die Themenfelder mitarbeiter-, kunden- und gesellschaftsbezogene Ergebnisse sowie die Schlüsselergebnisse als die wichtigsten Leistungsergebnisse der Organisation. Im Aufbau des Modells finden sich auch die oben beschriebenen allgemeinen Qualitätsdimensionen wieder (s. Abb. 34).

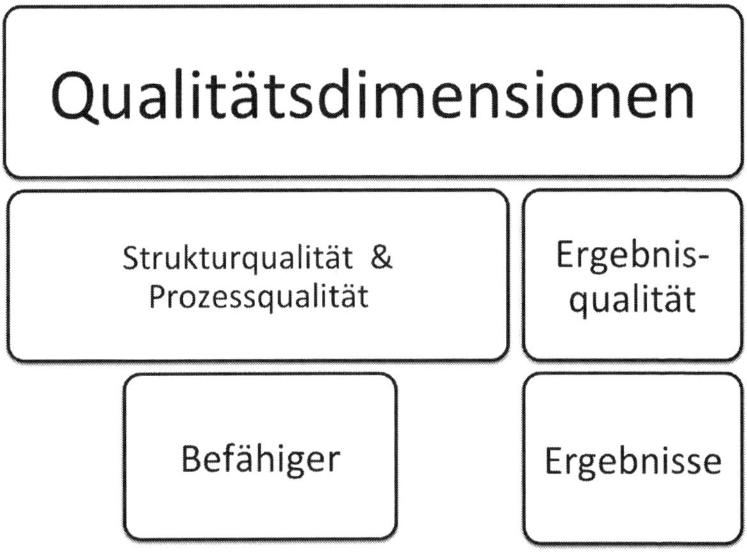


Abb. 34: Qualitätsdimensionen im EFQM-Modell

Die einzelnen Themenfelder des EFQM-Modells sind zum Teil über Verbindungen mit einander verknüpft und beeinflussen einander. Querverbindungen ergeben sich demnach sowohl innerhalb der beiden Themengruppen Befähiger und Ergebnisse als auch zwischen den Themenfeldern aus der Gruppe der Befähiger hinsichtlich der Gruppe der Ergebnisse. Im letztgenannten Fall wird von einer Ursache- (Befähiger) und Wirkungs- (Ergebnisse) Beziehung ausgegangen. Die Bewertung der Kriterien erfolgt idealerweise in Zyklen und kumulativ, so dass die Organisation in einen permanenten Verbesserungs- und Lernkreislauf eingebunden wird. Auf die Bewertungssystematik im Einzelnen kann im Rahmen dieses Überblicks nicht ausführlicher eingegangen werden.

Der EFQM-Ansatz ermöglicht eine weitgehend individualisierte Anwendung auf die konkreten Bestimmungsgrößen der einzelnen Organisation. Allerdings empfiehlt es sich bestimmte Bereiche unverändert zu lassen, so der Anwender in Anspruch nehmen will ein Qualitätsmanagement nach EFQM zu betreiben. Die einzelnen Themenfelder sowie die jeweils dazu gehörigen Kriterien, müssen zusammen mit dem Bewertungssystem beibehalten werden, ansonsten geht die Vergleichbarkeit mit anderen EFQM-Anwendern und damit weitergehende Lernmöglichkeiten verloren.
Das EFQM-Modell ist ein Verfahren der Selbstbewertung von Organisationen. Eine im eigentlichen Sinne Zertifizierung (s. oben) ist daher *nicht* möglich. Die Europäische Stiftung für Qualitätsmanagement verleiht allerdings jährlich den EQA – den Europäischen Qualitätspreis für herausragende Leistungen bei der Anwendung des EFQM-Modells.

**Literaturempfehlung für ein tiefergehendes Studium der in diesem Kapitel behandelten Themen:**

Vomberg, E.: Praktisches Qualitätsmanagement, Stuttgart 2010

# 6. Marketing

## 6.1 Verständnis und Grundlagen

Auch Organisationen der Sozialwirtschaft richten ihre Fähigkeit zur Leistungserbringung auf andere, d.h. letztlich auf die Nutzer, aus. Wenn auch terminologisch oftmals in andere Begriffe gekleidet, so geht es doch in letzter Konsequenz um den Absatz und häufig auch um die geldliche Verwertung der betrieblichen Leistung. Es gilt zu verstehen, dass auch sozialwirtschaftliche Organisationen für ihre Sozialen Dienstleistungen in den allermeisten Fällen eine (monetäre) Gegenleistung erwarten und erhalten. Dass die Nutzer, Kunden, Hilfebedürftige etc. diese Leistung in der Regel nicht selbst bezahlen (können), sondern staatliche Stellen (Kostenträger) einspringen, widerspricht dieser Aussage nicht. Die Frage danach, wer die Leistung bezahlt, ist von der Frage der Finanzierung (s. Kapitel 8) zunächst getrennt zu sehen. Hinzukommt, dass je nach Definition und Interpretation des Kunden-Begriffes auch der öffentliche Leistungsträger, z.B. das Jugendamt, als der *eigentliche* Kunde angesehen werden kann. Diese Sichtweise tritt umso stärker hervor, als das sozialwirtschaftliche Organisationen solche Leistungen und Dienste anbieten, deren Re-Finanzierung durch die öffentliche Hand gesichert ist.

Wirtschaftlich gesehen gilt es durch den Verkauf von Sachgütern oder Dienstleistungen, den Rückfluss von eingesetzten Finanzmitteln zu erreichen. In der Sozialwirtschaft vollzieht sich dieser Rückfluss hauptsächlich über öffentliche Mittel (z.B. Steuern, Sozialversicherungsbeiträge). Die Funktion Absatz umfasst demzufolge alle Tätigkeiten eines Betriebes, die im engeren Sinne dazu dienen, die bereitgestellten Sachgüter oder Dienstleistungen an Externe (insbes. Klienten) oder auf dem Markt abzusetzen.

In der Sozialwirtschaft existiert in vielen Fällen kein Markt in dem Sinne, dass Angebot und Nachfrage direkt zusammentreffen und sich ein Marktpreis bildet. Die Absatzfunktion für die Sozialwirtschaft bedarf daher der Modifikation. Allgemein soll mit dem Gebrauch des Begriffs „Marketing" anstelle von Absatz eine bestimmte Denkhaltung signalisiert werden. Es soll verdeutlicht werden, dass eine explizite Ausrichtung an den Wünschen der Kunden erfolgt. Neben anderen gebräuchlichen Definitionen definiert z.B. Arnold unter Sozialmarketing „die Planung, Organisation, Durchführung und Kontrolle von Marketingaktivitäten nicht-kommerzieller Organisationen, die sich direkt oder indirekt mit der Lösung sozialer Aufgaben beschäftigen."[67] Konkreter mit Bezug auf die Stakeholder definiert Urselmann:[68] „Unter Sozial-Marketing versteht man

- „die systematische Analyse, Planung, Durchführung und Kontrolle
- aller Aktivitäten einer [sozialen] Organisation, welche darauf abzielen,
- durch eine konsequente Ausrichtung aller Austauschprozesse
- an den Bedürfnissen der wichtigsten Stakeholder
- die Ziele einer sozialen Organisation zu erreichen."

Da die Wünsche, oder genauer die gesetzlich legitimierten

---

[67] Arnold (2009, S. 555)

[68] Urselmann (2005, S. 135)

Bedarfe der Kunden der Sozialwirtschaft, zu weiten Teilen durch die staatliche Sozialplanung (Sozialpolitik) definiert werden, liegt es oftmals nahe, dass Sozialunternehmen ihre Angebote auch entsprechend danach ausrichten.

Allgemein drückt sich die Denkhaltung „Marketing“darin aus, dass die Nachfragewünsche der potentiellen Kunden genau analysiert werden und auf Änderungen dieser Wünsche mit entsprechend angepassten Produkten/Dienstleistungen reagiert wird. Entwicklungen, wie die Einführung eines persönlichen Budgets weisen in diese, man könnte sagen ´normale´ Marktrichtung, wenn dem Klienten direkt Geld zur Verfügung gestellt wird, mit dem dieser selbständig die gewünschten Hilfen im wahrsten Sinne des Wortes *einkaufen* kann. Sozialwirtschaftliche Organisationen sind daher aufgefordert sich auf die tatsächlichen Hilfewünsche der Klienten einzustellen und nicht (nur) auf - wenn auch professionell begründeten Vermutungen - zu bauen. Mit dieser Art von Regelungen verbindet sich für die Nutzer ein höheres Maß an Selbstbestimmung.
Abzugrenzen ist der Begriff Absatz letztlich noch von häufig synonym gebrauchten Begriffen wie Verkauf und Vertrieb. Unter Verkauf soll nur der direkte Vorgang der Abgabe der Leistung gegen Entgelt bezeichnet werden, während Vertrieb eher gleichzusetzen ist mit der Distributionsfunktion (s. unten).

## 6.2 Marketingaufgaben und -ziele

Bei der überwiegenden Anzahl von Märkten handelt es sich heute um so genannte Käufermärkte. Dieses stellen Märkte dar, in denen die Käufer, also die Nachfrageseite, zwischen mehreren oder sehr vielen Anbietern wählen kann und sich daher grundsätzlich in einer vorteilhaften Position befinden.

Für die Sozialwirtschaft gestaltet sich diese Frage jedoch differenzierter: Zum einen ist von wenigen große Anbietern in Form der so genannten Freien Wohlfahrtspflege (AWO, Caritas, Diakonie etc.) auszugehen, die in vielen sozialen Arbeitsfeldern eine durchaus marktbeherrschende Stellung ausüben. Zum anderen stehen diese Anbieter quasi einem Monopolisten, dem Staat, gegenüber, der durch den Zuwachs von erwerbswirtschaftlich ausgerichteten Sozialunternehmen und Veränderungen bei der Auftragsvergabe (z.B. die Praxis der öffentlichen Ausschreibung von Sozialen Dienstleistungen) die traditionell starke Position der Wohlfahrtsverbände aufgeweicht hat.
Diese und andere Entwicklungen bedeuten für sozialwirtschaftliche Organisationen insgesamt ein Mehr an wettbewerblichen Bedingungen und führen zu der Notwendigkeit, auch die Aufgaben des Absatzes von Sozialen Dienstleistungen auf die Gegebenheiten eines sich entwickelnden Wettbewerbsumfeldes abzustimmen, um daraus wiederum konsistente Ziele ableiten zu können:[69]

- Aufgaben der Absatzwirtschaft:
  - Systematische Durchführung und Kontrolle von Planungs- und Entscheidungsprozessen des Absatzbereichs
  - Durchführung von Marktforschung als Informationsgrundlage für Entscheidungen im Absatzbereich
  - Auf den Markt bezogene Maßnahmen betriebsübergreifend aufeinander abstimmen
  - Ausrichtung der betrieblichen Leistung am Bedarf

[69] Meffert (1998, S. 74f.)

der Nachfrager (unbenommen der staatlichen Bedarfsplanung)

- Aktuelle und künftige Markt- und Wettbewerbsverhältnisse bei allen absatzpolitischen Überlegungen berücksichtigen.

Es liegt auf der Hand, dass sich diese Aufgaben der Absatzwirtschaft nur dann wirksam erfüllen lassen, wenn Klarheit über die verfolgten absatzwirtschaftlichen Ziele besteht. Diese Ziele müssen wiederum im Einklang mit anderen betrieblichen Zielen stehen, die gerade in Sozialunternehmen insbesondere auch die Ziele der Stakeholder berücksichtigen müssen. Folgende allgemeine absatzwirtschaftlichen Ziele lassen sich aufführen, die im Grundsatz auch für konkursfähige Betriebe der Sozialwirtschaft gelten müssen:

- Ziele der Absatzwirtschaft:
  - Das Sachziel

    Das Sachziel der Absatzwirtschaft stellt der Vertrieb der bereitgestellten Güter bzw. Dienstleistungen dar, wobei auch der Vertrieb als solcher unter wirtschaftlichen Gesichtspunkten zu erfolgen hat. Für Sozialunternehmen gilt es beispielsweise bei ähnlicher Wirkung abzuwägen zwischen ambulanter oder stationärer Leistungserbringung.

  - Das Formalziel

    Das Formalziel konkretisiert die wirtschaftlichen Ziele, wobei unter absatzwirtschaftlicher Betrachtung in gewinnorientierten Unternehmen, insbesondere Größen wie Umsatz, Deckungsbeiträge und natürlich der Gewinn eine hervorgehobene Rolle spielen. Unter absatzpolitischer Perspektive ist speziell der Marktanteil zu betonen, der den Grad der Ausschöpfung des Marktpotentials durch ein Unternehmen und in Relation zur Konkurrenz angibt. Auch die Sozialwirtschaft kann diese ökonomischen Bezugsgrößen nicht völlig ignorieren. Ein Teilbereich, der langfristig seine Kosten nicht decken kann, wird z.B. durch andere Dienste, die entsprechende Überschüsse erwirtschaften oder andere Einnahmequellen, gestützt werden müssen. Dieses darf und kann jedoch nur für eine begrenzte Anzahl von sozialen Diensten innerhalb eines Sozialunternehmens gelten.

- Das psychologische Ziel

  Das psychologische Ziel verfolgt eine positive Beeinflussung des Konsumentenverhaltens im Hinblick auf das Unternehmen und seine Produkte. Es liegt auf der Hand, dass je mehr es gelingt das psychologische Ziel zu erreichen, desto leichter das Sachziel der Absatzwirtschaft erfüllt wird.

  Gerade hier lässt sich für Sozialunternehmen ein Nachholbedarf konstatieren. Oftmals reagieren diese nur auf öffentliche Bedarfsplanung, ohne dabei beim Kunden *öffentliche Hand* auf eigene Beeinflussungsstrategien zu setzen. Verstärktes Marketingdenken ist an dieser Stelle dringend geboten, um auch eigene Hilfefelder zu erschließen. Der Gedanke gilt gleichermaßen mit Blick auf den Klienten als Kunden. Für Sozialunternehmen, die etwa im Zusammenhang mit dem Persönliche Budget in der Lage sind, entsprechende Kundenpräferenzen anzusprechen, bieten sich hier vielversprechende Möglichkeiten.

## 6.3 Forschung im Marketing

Alle Unternehmen müssen mit dem Risiko umgehen, dass das Produkt bzw. die Dienstleistung durch den Kunden – aus welchen Gründen auch immer - nicht akzeptiert wird. Der Marketing-Forschung kommt in diesem Rahmen die Aufgabe zu diese Ungewissheit durch die Bereitstellung von entsprechenden Daten und Informationen auf ein akzeptables und handhabbares Maß reduzieren.

Ein Sozialunternehmen, das, um bei dem obigen Beispiel zu bleiben, bzgl. des Persönlichen Budgets in der Behindertenhilfe einen Nutzer mit einer speziellen Hilfe ansprechen will, tut gut daran vorher, d.h. bevor entsprechende Strukturen aufgebaut werden und Personal eingestellt wird, Informationen darüber zu gewinnen, inwiefern die Hilfeleistung in der angedachten Form überhaupt von einer hinreichenden Anzahl von potentiellen Nutzern gewünscht und angenommen werden wird. Folglich gilt es die Informationslage über Klienten und Angehörige, Kundenmittler wie z.B. Ärzte und natürlich über Wettbewerber zu verbessern. Eine vollständige Beseitigung von Ungewissheit ist aber nicht möglich.

Zur Reduktion dieser Ungewissheit bedient sich die Marketing-Forschung im Wesentlichen zwei Informationsgebieten: Zum einen werden Informationen über unternehmens- bzw. betriebsexterne Sachverhalte bereitgestellt, zum anderen über betriebsinterne Sachverhalte. Entsprechend finden auch die Bezeichnungen externe und interne Marketing-Forschung (syn. Marktforschung) Verwendung. „Die Gewinnung, Auswertung und Interpretation dieser externen Markt- und internen Unternehmensdaten ist Aufgabe der Marketing-Forschung."[70]

Die nachstehende Abbildung gibt einen Überblick über den Aufbau der Marketing-Forschung, dem auch die nachfolgenden Ausführungen folgen.

Abb. 35: Marketing-Forschung

Die externe Marktforschung kann in Primärforschung und Sekundärforschung unterteilt werden.[71]

Die Primärforschung (syn.: field research) rekrutiert die notwendigen Daten durch eigene Erhebungen. Durch so genannte Feldforschung werden neue, bislang nicht bekannte Daten beschafft und analysiert. Gängige Techniken, derer sich die Primärforschung bedient sind insbesondere die Befragung (standardisierte Interviews, Fragebögen etc.) sowie auch die Beobachtungen und die Messungen durch technische Geräte.

---

70 Homburg/Krohmer (2007, S. 250)

71 Zentes (1998, S. 395ff.)

Das Ziel von Befragungen kann es z.B. sein, die Gewohnheiten oder die Nutzungsmotive von potentiellen Kunden zu erfragen oder auch um Informationen über das Image des Betriebes oder den Bekanntheitsgrad von Produkten/Dienstleistungen zu erhalten.
Sozialwirtschaftliche Organisationen waren es in der Vergangenheit in der Regel nicht gewohnt, sich mit den Wünschen der Nutzer derart intensiv auseinander zu setzen. Zudem entspricht es zum Teil auch einem gewissen beruflichen Selbstverständnis, dass in sozialen Berufsfeldern Tätige die Frage nach den Kundenwünschen vorausschauend aufgrund ihrer professionellen Einschätzung vorwegnehmen; Irrtümer einbegriffen.

Im Rahmen der Sekundärforschung (syn.: desk research) wird hingegen auf vorhandene, anderweitig bereits erhobene Daten zurückgegriffen. Sekundärforschung greift beispielsweise auf Statistiken zurück, wie sie etwa in Form von demographischen Daten oder auch Konjunkturprognosen zur Verfügung gestellt werden. Öffentliche Institutionen wie statistische Landesämter, das statistisches Bundesamt, Ministerien oder Berufsverbände etc. spielen hier eine große Rolle. Gerade vor dem Hintergrund zeit- und kostenorientierter Überlegungen kommt der Auswertung von Sekundärdaten eine bedeutende Rolle zu.

Die interne Marketing-Forschung greift hingegen auf innerbetriebliche Daten- und Informationsquellen zurück. Als solche kommen z.B. eigene Statistiken über Umsatzzahlen, -gebiete oder –gruppen in Frage, aber auch solche Daten, wie die Erhebungen über Beschwerden von Kunden und Angehörigen, die bspw. im Rahmen des Qualitäts- und Beschwerdemanagements ohnehin erhoben werden.

## 6.4 Der Marketing-Mix

Das so genannte absatzpolitische Instrumentarium umfasst alle einem Betrieb zur Verfügung stehenden Mittel und Maßnahmen zur Beeinflussung und Gestaltung seines relevanten Marktes. Für die operative Ebene bedeutet dies nichts anders als die Gesamtheit derjenigen Marketing-Instrumente, mit Hilfe derer aufgrund einer möglichst optimalen Kombination die zuvor ausgewählten Marktbereiche entsprechend der jeweils festgelegten Ziele und Strategien in der gewünschten Weise beeinflusst werden sollen.[72]

Werden die verschiedenen Möglichkeiten der operativen Absatzwirtschaft gezielt aufeinander abgestimmt, dann folgt daraus der so genannte Marketing-Mix. Der Marketing-Mix umfasst die absatzpolitischen Instrumente der Produkt-, Preis-, Distributions- und Kommunikationspolitik. Diese Begriffe entstammen der gewinnorientierten Wirtschaft und müssen für Sozialunternehmen entsprechend modifiziert werden, was aber gleichwohl nichts an ihrer gleichbedeutenden inhaltlichen Relevanz für den Sozialbereich ändert.

[72] Vgl. Becker (1998, S. 483ff.)

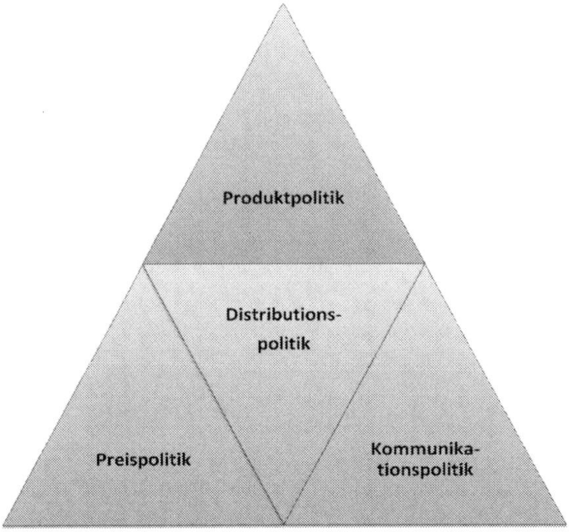


Abb. 36: Marketing-Mix

### 6.4.1 Produktpolitik

Versteht man unter einem Produkt allgemein die von einem Betrieb angebotenen materiellen und immateriellen Leistungen, die dazu geeignet sind Bedürfnisse von tatsächlichen oder potentiellen Kunden zu befriedigen, dann wird leicht verständlich, weshalb die i.w.S. Gestaltung dieser Produkte gerade für erwerbswirtschaftliche Unternehmen von hoher Bedeutung ist. An dieser Stelle gilt es sich noch einmal zu vergewissern, dass der Begriff des Produktes nicht auf materielle Güter begrenzt ist, sondern auch Dienstleistungen als immaterielle Güter umfasst und insofern für die Soziale Arbeit relevant ist.

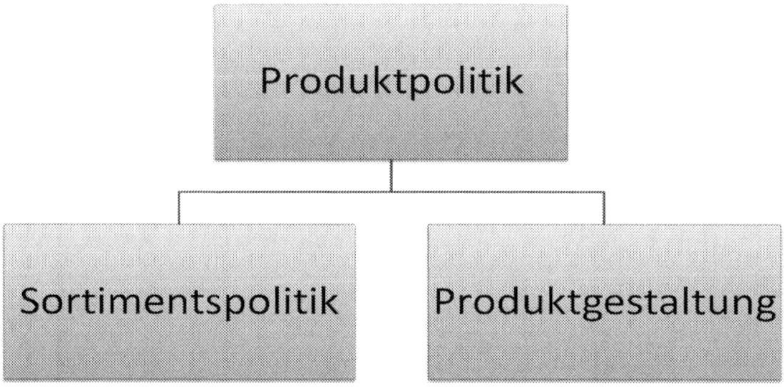


Abb. 37: Bereiche der Produktpolitik

Die Produktpolitik steht für Unternehmen regelmäßig am Beginn von absatzbezogenen Überlegungen, wenn es beispielsweise im Zuge der Sortimentspolitik über das Produktprogramm zu entscheiden gilt. Das Produktprogramm bezeichnet sämtliche Produkte, die ein Unternehmen anbietet. Fragen der Sortimentspolitik befassen sich demnach mit folgenden Teilaspekten: Soll die Organisation in der Breite alle Variationen eines Gutes anbieten oder nur ausgesuchte Varianten. Für ein Sozialunternehmen, das Dienste der Kinder- und Jugendhilfe anbietet, könnte sich etwa die Frage stellen, ob alle Bereiche der Kinder- und Jugendhilfe (Kindertagesstätten, integrative Kindertagesstätten, stationäre Einrichtungen, ambulante Dienste etc.) angeboten werden sollen oder ob sich das Sozialunternehmen in seiner Angebotsbreite beschränkt und z.B. ausschließlich auf dem Feld der Kindertagesstätten aktiv ist.

Innerhalb der Produktgestaltung geht es allgemein im Wesentlichen um die Festlegung von bestimmten Eigenschaften und der Beschaffenheit des Produktes. In der

Konsumgüterindustrie sind hiermit vor allem die äußere Erscheinung (z.B. Verpackung), das verwendete Material, das Design/die Form, die Farbe etc. angesprochen. In einer gewissen Analogie können z.B. verschiedene (sozial-)pädagogische Konzepte (Montessori-Pädagogik oder Walldorf-Pädagogik am Beispiel der Kindertagesstätte) in dieser Hinsicht interpretiert werden. Mit der Produktgestaltung von Dienstleistungen verbinden sich folgende weitere Handlungsbereiche:

- *Produkt-Innovation*: Eine Produkt- bzw. Dienstleistungsinnovation im eigentlichen Sinne liegt dann vor, wenn Dienstleistungen mit vollkommen neuartigen Eigenschaftsmerkmalen angeboten werden. Es handelt sich also um Dienstleistungen, die es so vorher nicht gegeben hat. Als Beispiel lassen sich z.B. professionell betriebene Tagesmütter-Dienste nennen.

- *Produkt-Variation*: Die Produktvariation meint die Veränderung von bereits vorhandenen Produkten bzw. Dienstleistungen. Solches könnte etwa ein fremdsprachiger Anteil im Konzept der Kindertagesstätte darstellen.

- *Produkt- Elimination*: Aufgabe und Bestandteil der Produktpolitik ist es schließlich auch die Entscheidung darüber zu treffen, dass bestimmte Produkte/Dienstleistungen in der Zukunft gar nicht mehr angeboten werden sollen. Die Gründe dafür können vielfältig sein, wie z.B. technische und/oder modische Überalterung, unzureichende Deckungsbeiträge oder strategische

Grundsatzentscheidungen. Sozialwirtschaftliche Organisationen werden i.d.R. eher zögern mit der Entscheidung eine Dienstleistung nicht mehr anzubieten, insbesondere wenn diese bezogen auf die Nutzer ersatzlos wegfällt. Dennoch könnte sich für sozialwirtschaftliche Organisationen mit ideellem Hintergrund auch die Frage stellen, ob bzw. inwiefern beispielsweise ein konkreter Dienst (überhaupt) mit den historischen oder ideellen Wurzeln vereinbar ist.

### 6.4.2 Kontrahierungspolitik

In klassischen Ansätzen zur Absatzlehre wird oftmals allein auf die Preispolitik abgestellt. Insbesondere bei erwerbswirtschaftlichen Unternehmen interessiert hier die funktionale Beziehung von Preis und Absatz (Preis-Absatz-Funktion), d.h. wie verändert sich der Absatz, wenn der Preis erhöht oder gesenkt wird. In neueren Ansätzen des Marketings umfasst die Kontrahierungspolitik die beiden Bereiche Preis- und Konditionenpolitik.

Als Gegenstand der Preispolitik lassen sich Entscheidungen über die am Absatzmarkt für die Produkte verlangten Preise verstehen. Die Konditionenpolitik hat hingegen Entscheidungen über besondere Absatzkonditionen, wie Rabatte Skonti, Boni, Garantie, Rückgaberechte etc. zum Gegenstand. Für weite Bereiche der Sozialwirtschaft spielen diese Aspekte mangels echter Marktbedingungen kaum eine Rolle. Es bleibt abzuwarten, inwiefern solche Fragen bei einer weiter fortschreitenden Tendenz von der Objekt- zur Subjektfinanzierung (s. Kapitel 8) ggf. an Relevanz gewinnen werden.

### 6.4.3 Distributionspolitik

Die Distributionspolitik befasst sich einfach formuliert mit der Frage, wie das Produkt oder die Dienstleistung seinen Weg zum potentiellen Kunden findet. Die Beantwortung dieser Frage ist auch für sozialwirtschaftliche Organisation von besonderer Relevanz, da neben monetären Aspekten auch und gerade Fragen des Kontaktes von Helfern und Hilfsbedürftigen eine Rolle spielen.

Eine erste grundlegende Überlegung besteht in der Entscheidung darüber, ob im konkreten Fall die Aktivität in erster Linie von der Hilfsorganisation oder vom Kunden/Klienten ausgehen soll. Salopp ließe sich fragen: Kommt die Soziale Dienstleistung zum Klienten (vor Ort aufsuchende Sozialarbeit) oder kommt der Klient zur Sozialen Dienstleistung (Einrichtung einer Beratungsstelle) oder treffen sich bei quasi in der Mitte (z.B. Notfalltelefon)? Diese Frage lässt sich nicht allgemeingültig für alle Dienste beantworten und muss abhängig von der Art der Hilfe, der Erfolgswahrscheinlichkeit der jeweiligen Variante und durch das konkrete Ziel der Hilfe durch Sozialexperten beantwortet werden. Damit einhergehen gewöhnlich weitere Fragen, wie die Wahl und die Ausgestaltung der Art und Weise, wie die Klienten erreicht werden sollen: Erfolgt z.B. eine Direktansprache oder eine Ansprache über Dritte (Eltern, Lehrer etc.). Die Aufgabe einer derart interpretierten Distributionspolitik besteht im Grunde darin, dass die Leistung so angeboten bzw. bereitgestellt wird, dass sie weitgehend den Bedürfnissen der Klienten entspricht.

### 6.4.4 Kommunikationspolitik

Die Aufgabe der Kommunikationspolitik besteht allgemein formuliert darin, die relevante Umwelt der Organisation gezielt zu beeinflussen und den potentiellen Kreis der Stakeholder, insbesondere die Kunden/Klienten und Kostenträger mit entsprechenden Informationen zu versorgen. Zur Erfüllung dieser Aufgabe bedient sich die allgemeine Kommunikationspolitik im Wesentlichen der folgenden Instrumente:

- Verkaufsförderung („Sales Promotion")
- Werbung
- Öffentlichkeitsarbeit („Public Relations")

Unter Verkaufsförderung versteht man im ursprünglichen Sinne jede kurzfristige, direkte Maßnahme, die darauf ausgerichtet ist, den Verkauf am Verkaufspunkt („PoP" Point of Purchase) zu aktivieren.[73] Abstrahiert man vom Terminus des Verkaufs, spricht stattdessen von Nutzungsförderung und betrachtet die dahinterliegende elementare Zielsetzung, dann wird deutlich, dass es letztlich darum geht Barrieren (z.B. auch emotionale Hemmungen etc.), die zwischen der Leistung und dem Nutzer stehen, kurzfristig zu senken und somit die Nutzung zu ermöglichen. In die Sprachwelt der Sozialen Arbeit übersetzt ginge es z.B. darum, den Zugang zur Hilfe vor Ort unmittelbar möglichst „niederschwellig" zu gestalten. Oftmals intuitiv geschieht dieses etwa durch die Wahl der klientenkonformer Kleidung und spezifischer Umgangsformen (Sprache), wodurch die Bereitschaft eine Hilfe anzunehmen - mit anderen Worten

[73] Vgl. Wanner (2001, S. 392f.)

die Konsum- oder Nutzungsbereitschaft - erheblich gesteigert werden kann. Ein anderes Beispiel wäre in der Suchthilfe das Aushändigen von hygienisch einwandfreien Spritzen etc., um auf diesem Wege einen (zusätzlichen) Zugang zu drogenabhängigen Menschen zu erhalten bzw. aufrecht zu halten.

Werbung zielt hingegen auf eine eher mittel- bis längerfristige, indirekte Wirkung beim potentiellen Kunden/Klienten. Der Terminus „Werbung“ steht dabei für alle Maßnahmen, die mit dem Ziel zum Einsatz kommen, das Konsum- bzw. Nutzungsverhalten in eine bestimmte Richtung zu beeinflussen. Werbung soll selbstverständlich bewirken, dass das betreffende Produkt auch bei dem werbenden Betrieb nachgefragt wird. So wird eine sozialwirtschaftliche Organisation, die Einrichtungen der Altenhilfe betreibt, natürlich in der Werbung die Vorzüge der eigenen Einrichtungen hervorheben und nicht für Altenhilfe im Allgemeinen werben. Als Werbemittel bietet sich eine breite Palette von Werbemitteln an, die sich nicht grundlegend von anderen Unternehmen unterscheiden:

- Fernsehen- und Kinospots
- Internet
- Radioeinspielungen
- Anzeigen in Zeitungen/Zeitschriften
- Außenwerbung (z.B. auf Bussen, Plakatwänden)
- Direktwerbung (z.B. Prospekte)
- Etc.

In der Werbung geht es vielfach darum, die positiven Unterschiede des eigenen Produktes auch im Verhältnis zu ähnlichen Anbietern (Konkurrenz) hervorzuheben. Dieses stellt Sozialunternehmen zum Teil vor Schwierigkeiten, da etwaige Nutzer oftmals keine oder nur eine vage Vorstellung von den gewünschten Eigenschaften der Leistung haben. Zum anderen bestehen in der Praxis häufig auch nur geringe Unterschiede in der direkten Aufgabenerledigung.[74] So wird sich etwa die eigentliche Pflege in einem Altenheim der Diakonie nicht grundsätzlich unterscheiden von der Pflege in einer vergleichbaren Einrichtung der Arbeiterwohlfahrt, analoges gilt für Dienste wie Schuldnerberatung etc.

Während es Ziel der Werbung ist, durch spezifische Aktivitäten über ein Produkt zu informieren, ist es zentrale Aufgabe der Öffentlichkeitsarbeit (auch: „Public relations") die Öffentlichkeit, das heißt im engeren Sinne die Stakeholder, über das (Sozial-)Unternehmen zu informieren. Es liegt auf der Hand, dass die Aufgabe nicht zum Ziel hat im Sinne einer Nachrichtenagentur möglichst objektiv über die Organisation zu berichten. Als *durch* die Organisation und *für* die Organisation wahrgenommene Aufgabe besteht das Ziel der Öffentlichkeitsarbeit darin, Informationen so zu platzieren oder zu kommunizieren, dass sie für das Ansehen der Organisation förderlich sind. Letztlich geht es auch bei Sozialunternehmen darum, ein allgemeines Vertrauen und eine positive Einstellung gegenüber der Unternehmung zu erzeugen.

[74] Unterschiede würde allenfalss in wertebezogenen Leistungen, wie z.B. der Schwangerschaftkonfliktberatung, zu erwarten sein.

Führt man sich vor Augen, dass Öffentlichkeitsarbeit verkürzt auch als Werbung für das Unternehmen als solches verstanden werden kann, dann wird nachvollziehbar, dass sich diese zum Teil auch der gleichen Werbemittel bedient. Zusätzlich können spezifische Instrumente, wie Betriebsbesichtigungen, Pressekonferenzen etc. herangezogen werden.

**Literaturempfehlung für ein tiefergehendes Studium der in diesem Kapitel behandelten Themen:**

Christa, H.: Grundwissen Sozio-Marketing: Konzeptionelle und strategische Grundlagen für soziale Organisationen, Wiesbaden 2010

# 7. Personalführung

## 7.1 Verständnis von „Führung“

Mit kaum einem anderen Thema sind Menschen im privaten wie auch im beruflichen Alltag enger verbunden, als mit dem Thema der Führung. Bewusst und unbewusst führen Menschen andere Menschen und werden ihrerseits wiederum geführt. Führung findet in jeder Form von Unternehmen, so auch in sozialwirtschaftlichen Organisationen, auf verschiedenen Ebenen statt. Eine elementare Gliederung unterscheidet nach der Größe des Führungsbereichs z.B. die Unternehmensführung, die Abteilungs- oder Bereichsführung, die Gruppenführung sowie die Individualführung. Bis auf die Individualführung zielen alle Begriffe auf die Führung von Kollektiven bzw. Personenmehrheiten und können als Führung im weiteren Sinne bezeichnet werden. Die Individualführung, d.h. die Führung von Einzelpersonen, steht dagegen für „Führung im engeren Sinne“. Die folgenden Ausführungen beschäftigen sich ausschließlich mit Aspekten der Individualführung.

Führung – synonym Personalführung – steht in dem hier verwendeten Verständnis für das bewusste Einwirken der Führungskraft („des Führers“) auf den Geführten, mit dem Ziel diesen zu einem gewünschten Verhalten zu bewegen, das der Geführte ohne diese Einwirkung nicht gezeigt hätte. Führung bedeutet daher zunächst einmal Verhaltenssteuerung bzw. Verhaltensbeeinflussung, wozu der Führungskraft bestimmte Anreiz- und/oder Sanktionsinstrumente zur Verfügung stehen (sollten). Für Organisationen der Sozialwirtschaft stellt die Führungsaufgabe oftmals eine besondere Herausforderung dar.

Die folgenden Aspekte verdeutlichen diese exemplarisch:

- Es handelt sich vielfach um Nonprofit Organisationen mit einem mehr oder weniger großen Anteil von Mitarbeitern, die ehrenamtlich bzw. unentgeltlich und freiwillig tätig sind.
- Des Weiteren stehen im Regelfall nur begrenzte Geldmittel zur Anreizgestaltung zur Verfügung.
- Die organisatorische Zielvorgabe ist aufgrund von verschiedenen Interessen der Stakeholder oftmals unscharf oder ambivalent.
- Insbesondere bei Führungskräften der mittleren und unteren Führungsebenen (z.B. Einrichtungsleitung, Gruppenleitung) fehlt es vielfach an der Akzeptanz, ihre Rolle als Führungskraft auch anzunehmen.
- Externe und interne Erwartungen an ein „sozialeres" Führen und ökonomische Zwänge bringen Führungskräfte in eine z.T. kaum lösbare Spagatstellung.

## 7.2 Wirkungsfelder von Führung

In der oben genannten Definition von Führung ist die Rede von der „Einwirkung" der Führungskraft. Es stellt sich damit die Frage nach dem konkreten Zielobjekt dieser Einwirkung. Dabei allgemein nur von Mitarbeitern auszugehen, greift zu kurz und ist wenig hilfreich. Tatsächlich richtet sich die Einwirkung auf diejenigen Aspekte der Person des Mitarbeiters, die in beruflichen Zusammenhängen in erster Linie relevant sind:

- Die Leistungsfähigkeit (Qualifikation, „Können") und
- die Leistungsbereitschaft (Motivation, „Wollen").

Diese beiden Komponenten des individuellen Personalvermögens des jeweiligen Mitarbeiters determiniert zu weiten Teilen dessen Arbeitsverhalten und Arbeitsergebnisse. Um Mitarbeiter der obigen Definition von Führung entsprechend zu einem bestimmten Verhalten zu bewegen, kann die Führungskraft auf die Leistungsfähigkeit und/oder die Leistungsbereitschaft einwirken. Worauf konkret sich diese Einwirkung, also das Führungshandeln beziehen soll, stellt im konkreten Einzelfall der Praxis oftmals eine der schwierigsten Fragen dar, die eine Führungskraft zu beantworten hat. Zeigt ein Mitarbeiter ein gewünschtes (Arbeits-) Verhalten nicht, weil er nicht *kann* oder nicht *will*? Während bei ersterem eine fachliche Weiterbildung z.B. die richtige Art der Einwirkung sein könnte, ist bei zweitgenannten eher an Anreiz- oder Sanktionsmechanismen zu denken.

### 7.2.1 Leistungsbereitschaft / Motivation

Eine Einwirkung des Führers auf den Geführten, die auf dessen Leistungsbereitschaft hin abzielt, setzt voraus, dass der Mitarbeiter das gewünschte Verhalten nicht zeigen will, obwohl er dazu grundsätzlich in der Lage wäre. Die individuellen Gründe für die Weigerung sind an dieser Stelle zunächst unerheblich, vorausgesetzt sei nur, dass der Mitarbeiter aufgrund seiner Einbindung in den organisierten Arbeitsprozess zu diesem Verhalten, z.B. aufgrund von Pflichten aus dem Arbeitsverhältnis heraus, zu diesem verpflichtet ist. Der Führungskraft stellt sich damit die (Führungs-)Aufgabe, den Mitarbeiter zu dem gewünschten Verhalten zu bewegen, oder anders gesagt, ihn dazu zu motivieren.

Hinsichtlich des Begriffs der Motivation gilt es im Zusammenhang von Personalführung vor allem zwei

Erscheinungsformen zu unterscheiden:

- Extrinsische Motivation
- Intrinsische Motivation

Extrinsische Motivation entsteht durch Impulse von außen, d.h. sie kommt nicht aus dem Individuum selbst heraus. Der Wunsch eine Belohnung, z.B. eine Geldprämie, eine Beförderung, ein Lob, eine Anerkennung etc. zu erhalten, können solche Impulse darstellen. Ebenso kann aber auch das Bestreben negative Sanktionen (Abmahnung, Kündigung, soziale Ausgrenzung, Kritik etc.) zu vermeiden ein solcher Impuls sein. In beiden Fällen entsteht Motivation durch Beweggründe (i.w.S. „Motive“), die von außen kommen.

Intrinsische Motivation bedarf solcher Impluse nicht. Die Beweggründe des Handelns kommen quasi aus der Person heraus bzw. sind mit deren Persönlichkeit verbunden. Motive wie Spaß oder Pflichtbewusstsein müssen nicht von außen angeschoben werden. Im Führungszusammenhang sollte es der Führungskraft im Idealfall gelingen zu identifizieren, ob für bestimmte Handlungen der Mitarbeiter intrinsische oder extrinsische Beweggründe ausschlaggebend sind. Fehlinterpretationen *können* (nicht: müssen) jedoch zu so genannten Verdrängungseffekten führen. Ein Verdrängungseffekt liegt dann vor, wenn ein Verhalten, das aufgrund intrinsischer Motivation erfolgt, zusätzlich noch durch extrinsische Anreize verstärkt wird und dieses Verhalten dann künftig nur noch wegen dieses Anreizes gezeigt wird oder bei Wegfall des extrinsische ausgerichteten Stimulus auch das Verhalten eingestellt wird. Der extrinsische Anreiz hätte dann die ursprünglich vorhandene intrinsische Motivation verdrängt.

Beispiel (Verdrängungseffekt): Eine von ihrer Persönlichkeit her stets ordentlich arbeitende Pflegekraft wird für ihre besonders sorgfältigen Dokumentationen eine Zeit lang mit einer Prämie belohnt. Bei Wegfall der Prämie, erfolgen auch die Dokumentationen nicht mehr so sorgfältig wie zuvor. Der extrinsisch ausgerichtete Anreiz ´Geldprämie´ hat die intrinsische Motivation zum sorgfältigen Arbeiten verdrängt.

Anreize, insbesondere Leistungsanreize, wie sie auch in sozialwirtschaftlichen Organisationen zunehmend thematisiert und eingeführt werden, müssen aus der Perspektive eines professionellen Personalmanagement auf die Schnittmenge von Mitarbeiter- und Organisationszielen ausgerichtet sein (Abb. 38). Gerade fur stark ideell geprägte Organisationen der Nonprofit-Sozialwirtschaft spricht vieles dafür, dass diese Schnittmenge vergleichsweise groß ausfällt, allerdings sind einschränkend auch Säkularisierungstendenzen zu berücksichtigen, die auch vor Mitarbeitern in Organisationen der Sozialwirtschaft nicht halt machen.

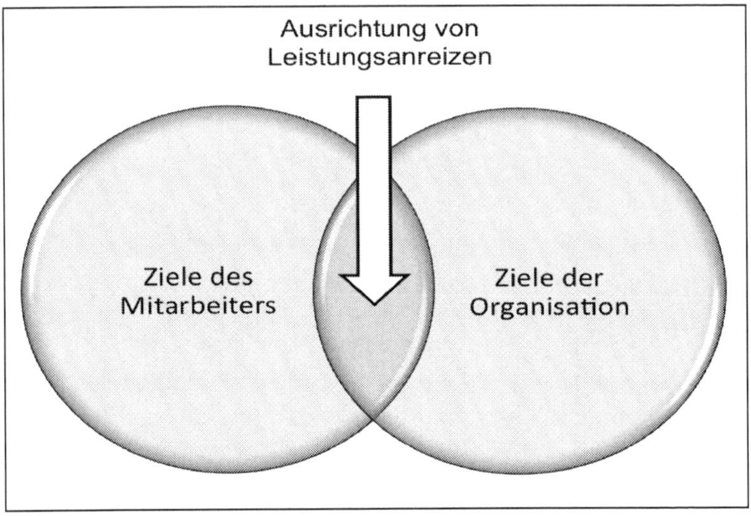


Abb. 38: Ausrichtung von Leistungsanreizen

### 7.2.2 Leistungsfähigkeit / Qualifikation

Die allgemeine Leistungsfähig ist von verschiedenen Komponenten abhängig, die nur zum Teil der Einwirkung durch Führungshandeln zugänglich sind. So ist die Leistungsfähigkeit z.B. bestimmt von:

- Erblichen Veranlagungen
- Sozialisationsprozessen
- Kenntnissen
- Fähigkeiten, Fertigkeiten

In (sozial-)betrieblichen Zusammenhängen der Praxis stehen regelmäßig vor allem solche Bestimmungsgrößen im Fokus, die durch Weiterbildung bzw. Personalentwicklung als gemeinhin veränderbar gelten. Die Rede ist von dem Wissen, den

Kenntnissen und den Fähigkeiten/Fertigkeiten von Mitarbeitern. Auf betrieblicher Ebene kann durch gezielte Maßnahmen versucht werden, die Leistungsfähigkeit der Mitarbeiter positiv zu beeinflussen. Elementar kann hier zunächst die betriebliche Ausbildung von der Weiterbildung unterschieden werden.

Mit Ausbildung wird in der Regel die formale Erstausbildung bezeichnet, die ein Mitarbeiter absolviert.[75] Weiterbildung baut dagegen auf der Ausbildung auf, in dem der Tatsache Rechnung getragen wird, dass Fähigkeiten und Kenntnisse im Zeitverlauf ihren praktischen Wert verlieren, weil sie z.B. aufgrund von neueren Erkenntnissen und Verfahren überholt und obsolet werden. Je praxisnäher erlernte Fähigkeiten und Kenntnisse sind, desto schneller veraltern sie im Allgemeinen. So werden abstraktere, allgemeinere Kenntnisse/Fähigkeiten aus einem Hochschulstudium weniger schnell obsolut als die auf den direkten Einsatz abzielenden Kenntnisse/Fähigkeiten einer Berufsausbildung. Weiterbildung dient folglich dazu, die Leistungsfähigkeit von Mitarbeitern dadurch zu erhalten, dass neuere Fähigkeiten und Kenntnisse erlernt werden. So gesehen kommt der Weiterbildung die Funktion eines "Updates" zu. Eine besondere Form der betrieblichen Qualifizierung stellt die so genannte Job Rotation dar (Abb. 39).

---

[75] Der Ausbildungsbegriff wird hier nicht nur auf Berufsausbildungen i.S.d. Berufsbildungsgesetzes bezogen, sondern in einem weiteren Sinne, der auch z.B. die formale Erstqualifizierung im Rahmen eines Studiums umfasst.

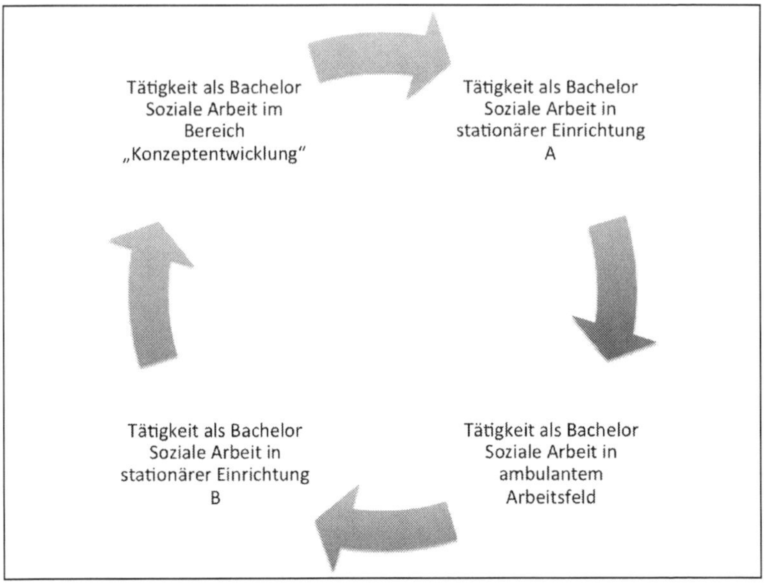


Abb. 39: Job Rotation in der Sozialen Arbeit

Das Konzept ist so angelegt, dass ein Mitarbeiter nach einer bestimmten Zeitspanne (z.B. nach 3 Jahren) seinen Arbeitsbereich wechselt. Der Qualifizierungseffekt soll in der Weise erfolgen, dass der Mitarbeiter zum einen seine Leistungsfähigkeit in der Breite vergrößert und somit auch flexibel einsetzbar ist. Zum anderen wird davon ausgegangen, dass der Mitarbeiter bei jedem Wechsel neue positive Impulse in die neue Arbeitsstätte einbringt und seinerseits auch empfängt.

Eine Bestimmungsgröße, die die individuelle Leistungsfähigkeit unweigerlich beeinflusst, stellt das Lebensalter dar. Unstrittig ist, dass die körperliche Leistungsfähigkeit (die körperliche Kraft) mit steigendem Alter abnimmt. Bei solchen Arbeitsplätzen in der Sozialwirtschaft, die, wie z.B. Pflegeberufe, dadurch charakterisiert sind, dass sich ein höheres Maß an

Körperkraft voraussetzen, wird folglich mit zunehmendem Alter eine Leistungsminderung zu verzeichnen sein. Ob und inwiefern eine vergleichbare Leistungsdegeneration auch für geistige Tätigkeiten angenommen werden muss, erscheint dagegen in der Forschung zunehmend fraglich.[76] Eine Reihe von Untersuchungen zeigen, dass geistige Prozesse sich im Alter zwar wandeln, was jedoch nicht gleichbedeutend mit einer Verschlechterung sein muss. Insbesondere dort, wo Erfahrungswissen eine signifikante Rolle spielt, wenn es z.B. darum geht individuelle Lösungsstrategien zu entwickeln oder komplexere Situationen einzuschätzen, kann Alter auch zu einer Besserung der Leistungsfähigkeit führen.

Keiner weiteren Begründung bedarf es allerdings um nachzuvollziehen, dass der Gesundheitszustand des Mitarbeiters einen erheblichen Einfluss auf seine Leistungsfähigkeit besitzt. Dabei wird man allgemein davon ausgehen können, dass die körperlichen, psychosozialen und die geistigen Befindlichkeiten in komplexen Wechselbeziehungen zueinander stehen.

Schließlich unterliegt das menschliche Leistungsvermögen auch im Tagesverlauf Schwankungen. Empirisch lässt sich hierzu festhalten, dass bei sehr vielen Menschen eine relativ ähnliche tägliche physiologische Leistungskurve besteht. Für die meisten Menschen gilt, dass sie ihr höchstes Leistungsvermögen etwa um 9.00 Uhr aufweisen. Im Anschluss erfolgt ein kontinuierlicher Leistungsabfall bis zu einem Zwischentief, um etwa 14.00 Uhr. Anschließend steigt die Leistungskurve zu einem höheren Wert, dessen Maximum gegen 18.00 Uhr erreicht wird. Danach tritt ein rapider Leistungsabfall ein, dessen Tiefstand etwa zwischen 2.00 und 3.00 Uhr nachts liegt.

---

[76] Vgl. dazu z. B. Mroß (2009)

### 7.3.1 Führung und Menschenbild

Unten wird noch ausführlicher auf das Thema der Führungsstile eingegangen werden. Bereits an dieser Stelle gilt es jedoch festzuhalten, dass Vorgesetzte in der Art und Weise wie sie führen nicht gänzlich frei sind. Das eigene Führungsverhalten ist neben anderen Determinanten auch maßgeblich von dem zugrunde liegenden Menschenbild beeinflusst.

Unter Menschenbildern versteht man in der Führungslehre „vereinfachte und standardisierte Muster menschlicher Sicht- und Verhaltensweisen. ... Menschenbilder sind häufig nicht explizit formuliert, sondern impliziter Bestandteil von Theorie und Praxis, auch im Sinne von ´Hinterkopftheorien´".[77] Menschenbilder sind in der Weise individuell, dass jeder Mensch ein eigenes Bild oder eine eigene Vorstellung über das Wesen des Menschen in sich trägt, d.h. wie Menschen im Allgemeinen sind und wie sie sein sollten.[78] Menschenbilder gelten als nicht angeboren, sondern als das Resultat von persönlichen Erfahrungen, (privaten und beruflichen) Sozialisierungsprozessen und nicht zuletzt auch vom Stand der gesellschaftlichen Entwicklung. Vor diesem Hintergrund ist z.B. nachvollziehbar, dass Führungskräfte der Sozialwirtschaft mit einer Sozialisation durch ein Studium der Sozialen Arbeit mitunter ein anderes Menschenbild in sich tragen, als Führungskräfte der Sozialwirtschaft mit einer Sozialisation durch ein Studium der Betriebswirtschaftslehre oder der Rechtswissenschaften. Das in einer Organisation vorherrschende Menschenbild schlägt sich regelmäßig auch in

---

[77] Wunderer (2003, S. 614) und die dort angegebene Literatur. Hervorhebungsart geändert.

[78] Vgl. Weibler (2012, S. 31)

der Aufbauorganisation (z.B. steile vs. flache Hierarchien) und den geltenden Regelungen nieder. Diese wiederum werden von den Führungskräften der Organisation erlassen. So gesehen sollte es aus Sicht der Sozialen Arbeit als akademische Disziplin gut überdacht sein, die oberen und obersten Führungspositionen vorschnell den Absolventen anderer Disziplinen zu überlassen.[79]

Es lassen sich positive/optimistische und negative/pessimistische Menschenbilder unterscheiden, wobei diese Differenzierung ausdrücklich nicht zu verstehen ist im Sinne von ´richtig und falsch´. Sowohl ein positives wie auch ein negatives Menschenbild kann sich im konkreten Praxisfall letztlich als unzutreffend, im Sinne von nicht wirklichkeitsgerecht, erweisen. Einen gewissen Bekanntheitsgrad hat die so genannte Theorie X und Theorie Y nach McGregor erlangt, der diese beiden Perspektiven Idealtypisch gegenüberstellt:[80]

[79] Vgl. auch Mroß (2014)

[80] Folgend verändert entnommen aus Gourmelon/ et al. (2011, S. 37f.)

| Theorie X | Theorie Y |
|---|---|
| • Abscheu vor Arbeit ist Menschen angeboren.<br>• Arbeit ist ein notwendiges Übel.<br>• Folge: Menschen müssen gesteuert und kontrolliert werden. „Zwang" zu produktiver Arbeit<br>• Menschen wollen geführt werden, da sie eigene Verantwortung ver-meiden.<br>• Menschen streben vor-wiegend materielle Sicherheit an. | • Menschen haben keine angeborene Abneigung zur Arbeit. Arbeit als mögliche Zufriedenheitsquelle<br>• Identifikation mit den betrieblichen Zielen führt zur Entfaltung von Eigeninitiative.<br>• Folge: Externe Kontrolle ist überflüssig<br>• Menschen streben vorwiegend Selbst-verwirklichung an.<br>• Im gegebenen Rahmen werden eigene Verant-wortungsbereiche angestrebt. |

Abb. 40: Die X-Y-Theorie nach McGregor

Menschenbilder unterliegen häufig dem Effekt einer sich selbst erfüllenden Prophezeiung, indem sowohl die X- als auch die Y-Theorie jeweils ihre eigenen Annahmen und Vorhersagen bestätigen. Der Theorie X zur Folge sind Mitarbeiter grundsätzlich zunächst einmal arbeitsunwillig bzw. faul. Die Annahmen von Passivität und Desinteresse führen dazu, dass Mitarbeitern z.B. auch nur anspruchslose, leicht zu kontrollierende Arbeiten übertragen werden. Dieses wiederum führt bei den Mitarbeitern zu einem Gefühl der Monotonie. Sie erleben ihre tagtägliche Arbeit als zusammenhanglos und enttäuschend.

Für die Organisationsleitung macht es angesichts solcher Mitarbeiter durchaus Sinn, sich für eine streng hierarchische Organisationsgestaltung zu entscheiden, um die Auswirkungen von Fehlern möglichst gering und die Möglichkeit zur Detailkontrolle der Mitarbeiter möglichst hoch zu halten. Diese Arbeit der Organisation werden die Mitarbeiter wiederum als demotivierend empfinden und ihre Leistungsbereitschaft auf ein gerade noch akzeptiertes Mindestmaß reduzieren, wodurch an dieser Stelle der Kreislauf i.S.d. Theorie X wieder von neuem bedingt.

Eine andere Logik ergibt sich für die Theorie Y. Hier wird grundsätzlich davon ausgegangen, dass Mitarbeiter freiwillig bereit sind Leistung zu zeigen. Die Mitarbeiter entfalten danach auch eigene Aktivität, sie sind engagiert und interessieren sich für die Zusammenhänge ihres Arbeitsfeldes. Es ist dann naheliegend den Mitarbeitern innerhalb der Organisation Entfaltungsmöglichkeiten zu bieten und sich folglich bei der Gestaltung der Organisation (auch) an den Bedürfnissen der Mitarbeiter auszurichten. So wird hier eine wichtige Aufgabe von Vorgesetzten darin bestehen, dem Personal motivierende und auch fachlich anregende Arbeitsumstände anzubieten. Die Arbeit in einem solchermaßen strukturierten Umfeld werden die Mitarbeiter wiederum als positiv erleben und ihrerseits Leistungswillen an den Tag legen, wodurch der Kreislauf auch hier von neuem beginnt. Beide Theorien zeigen damit Züge einer sich selbst erfüllenden Prophezeiung, die sich in ihren „Wahrheitsgehalten“ fortwährend neu bestärken.

### 7.3.2 Macht als Grundlage von Führung

Das Thema *Macht* – oder in einer etwas variierten Verwendung die *Autorität* - in sozialen Beziehungen ist gerade für den Bereich der Sozialen Arbeit ein äußerst problembeladenes:[81]

> „In vielen Einrichtungen redet man nicht gern über Macht, und auch viele Leitungskräfte empfinden ´Macht´ als anrüchig und sprechen lieber von ´Gestaltungsmöglichkeiten´. Das Thema Macht unterliegt in der Organisationskultur vieler Einrichtungen der Sozialen Arbeit einer "tendenziellen Tabuisierung" ... [so dass Leitungen] ihren Machtstatus zu verschleiern versuchen oder diesen gar gegen über sich selbst und anderen leugnen ..."Ich werde zwar ´Leiter/Leiterin´ genannt, aber eigentlich bin ich doch einer/eine von euch" ..."

Letztlich erfordert aber eine Führungstätigkeit Macht bzw. bringt diese mit der Führungsposition automatisch mit sich; und zwar unabhängig davon, ob dieses nun gewollt, akzeptiert oder verleugnet wird. Ohne die Möglichkeit im Zweifel auch unangenehme Entscheidungen zu treffen und umzusetzen, wird jede Organisation, in der Menschen zum Zwecke der Leistungserbringung und unter wirtschaftlichem Risiko zusammenarbeiten, über kurz oder lang in ihrer Existenz gefährdet sein. In der Praxis ist Führung ohne eine konkrete Machtgrundlage schlichtweg nicht möglich.

---

81 Merchel (2010, S. 117f.) und die dort angegebene Literatur. Hervorhebungen geändert.

Staehle arbeitet heraus, dass Macht allgemein als eine Frage der Ressourcenkontrolle interpretiert werden kann:[82]
Geht man von den Personen A und B aus, dann hat A insoweit Macht über B, insoweit B registriert, dass A über Ressourcen (s. Abb. 41) verfügt und auch bereit ist diese einzusetzen. Des Weiteren verfügt A gegenüber B über Macht, wenn B von A abhängig ist, weil:

- B die Ressourcen von A schätzt
- B die Beziehung zu A hoch schätzt
- B über wenig Gegenmacht verfügt.

Darauf basierend lassen sich „personale Machtgrundlagen" herausarbeiten, die in der Managementliteratur weit verbreitet sind:[83]

[82] Vgl. Staehle (1991, S. 372) und die dort angegebene Literatur.

[83] Zusammengestellt nach Staehle (1991, S. 372f.) und die dort angegebene Literatur.

**Macht durch Bestrafung (coercive power)**
- A hat die Möglichkeit der Bestrafung von B

**Macht durch Belohnung (reward power)**
- A hat die Möglichkeit der Belohnung von B

**Legitime Macht (legitimate power)**
- B akzeptiert die Machtquelle A als legitime

**Vorbild-Macht (referent power)**
- B identifiziert sich mit A und gehorcht, weil er so sein will wie A

**Expertenmacht (expert power)**
- B akzeptiert das überlegene Expertentum von A

**Informationsmacht**
- A verfügt über Informationen, die für B bedeutsam sind

Abb. 41: Personale Machtgrundlagen

Neben diesen personalen Machtgrundlagen lassen sich auch strukturelle Machtgrundlagen unterscheiden. Solche Machtquellen sind aus der Sicht der Organisation mit dem Kriterium der Seltenheit versehen. Strukturelle Macht liegt dann vor, wenn es sich um Inhalte bzw. Machtquellen handelt, die den Inhaber dieser Machtquellen in die Lage versetzen Unsicherheitsfaktoren für andere zu beseitigen, das eigene Verhalten aber für andere wiederum schwer vorhersehbar zu gestalten.[84]

Beim Umgang mit Macht in Führungssituationen ist nicht nur in der Sozialwirtschaft stets auch die ethische oder moralische Dimension mitzudenken. Verantwortung im Allgemeinen und ethische Verantwortung im Besonderen kann dabei immer nur

[84] Vgl. Staehle (1991, S. 376)

von Individuen getragen und wahrgenommen werden.[85] Das Team, die Gruppe oder die Organisation können keine Verantwortung im eigentliche Sinne tragen, denn sie konstituieren sich letztlich restlos aus den Einzelpersonen, die dieses Team, diese Gruppe oder diese Organisation bilden.[86] In den Arbeitsfeldern Sozialer Organisationen gerät diese im Grunde triviale Erkenntnis jedoch oftmals in den Hintergrund oder wird gar geleugnet, wenn z.B. auf so genannte "Teamentscheidungen" und ähnliches hingewiesen wird. Eine solche Flucht in kollektive Akteure wie Teams u.ä. stellt aber eine Flucht vor Verantwortung und damit auch eine Flucht vor der Leitungsrolle dar.

### 7.3.3 Elementare Führungsstile

Oben wurde der Begriff der Führung u.a. mit Bezug auf die Herbeiführung von bestimmten Verhaltensweisen bei den Geführten eingeführt. Daran anschließend gilt es nunmehr den Begriff des Führungsstils zu klären.

Um Mitarbeiter zu einem bestimmten Verhalten zu bewegen, stehen der Führungskraft verschiedene Möglichkeiten zur Verfügung. Eine Möglichkeit besteht im Verhalten der Führungskraft selbst. Wird ein (Führungs-)Verhalten durch die Führungskraft immer wieder und fortdauernd gezeigt, dann bezeichnet dieses Führungsverhalten den Führungsstil des Vorgesetzten. Wunderer definiert daher: „ ... Führungsstil als ein innerhalb von Bandbreiten und Führungskontexten konsistentes, typisiertes und wiederkehrendes

[85] Vgl. Merchel (2010, S. 119)

[86] Wir folgen hier damit einem methodologischen Individualismus als regulatives Prinzip für die Sozialwissenschaften.

Führungsverhalten."[87] Als mittlerweile klassisch ist die Dreiteilung von Führungsstilen nach Kurt Lewin anzusehen:

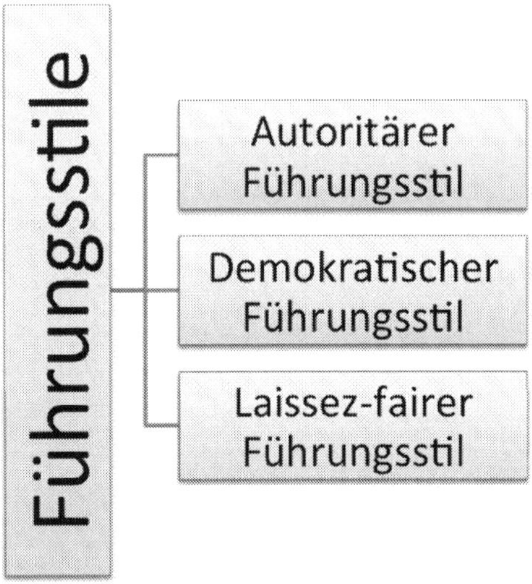


Abb. 42: Klassische Führungsstile nach Lewin

Diese Führungsstile unterscheiden sich im Kern anhand der Rolle, die die Führungskraft jeweils wahrnimmt und ein entsprechendes Verhalten zeigt.

- Der autokratische Führer steht im dominierenden Zentrum der Beziehungen zu den Geführten. Er lenkt und bestimmt ihr Handeln und legt für sie die Ziele fest. Einer Erklärung oder gar Rechtfertigung bedarf sein Vorgehen nicht, genauso wenig wie er zu erkennen gibt, nach welchen Maßstäben er schließlich die Geführten bewertet.

[87] Wunderer (2003, S. 204). Hervorhebung weggelassen.

- Der demokratische Führer ist bereit sowohl Ziele als auch Handlungen etc. in der Gruppe zu beraten und darüber zu entscheiden. Er lässt klar erkennen, aufgrund welcher Kriterien er die Tätigkeiten der Geführten beurteilt.

- Der laissez-faire Führer hingegen ist passiv und antwortet nur, wenn er gefragt wird. Seine Rolle als Vorgesetzter nimmt er im eigentlichen Sinne nicht an. Die Geführten können selbst frei entscheiden. Eine Bewertung der Tätigkeiten und Leistungen der Geführten soll möglichst vermieden werden.

Nicht zuletzt auch aufgrund von vielfältiger Kritik an der Idealtypisierung von Lewin, die sich insbesondere auch auf die dieser Einteilung zugrundeliegenden Experimente bezogen, sind im Weiteren verschiedene andere Klassifizierungen von Führungsstilen in die Führungslehre eingeführt worden.
Bei den so genannten „Führungsstilvarianten" nach Steinle ist die Nähe zur Dreiteilung von Lewin noch erkennbar (s. Abb. 43). Die Varianten beschreiben ein Führungsstilkontinuum, das mehrere Etappen kennt, die weitgehend stufenlos in einander übergehen.[88] So wird im Einzelfall nicht völlig trennscharf zwischen dem „beratenden" und dem „kooperativen" Führungsstil zu unterscheiden sein. Auch diese detailliertere Unterscheidung von Führungsstilen stellen daher Idealtypen dar.

---

[88] Führungsstile als Kontinuum darzustellen geht zurück auf Tannenbaum/Schmidt (1958)

| Willensbildung beim Vorgesetzten | | | | | | | Willensbildung beim Mitarbeiter/Gruppe |
|---|---|---|---|---|---|---|---|
| **Charakterisierung** | Vorgesetzter entscheidet, setzt durch, notfalls mit Zwang | Vorgesetzter entscheidet, setzt mit Manipulation durch | Vorgesetzter entscheidet, setzt mit Überzeugung durch | Vorgesetzter informiert, Meinungsäusserungen der Betroffenen | Gruppe entwickelt Vorschläge, Vorgesetzter wählt aus | Gruppe entscheidet im vereinbarten Rahmen autonom | Gruppe entscheidet autonom, Vorgesetzter als Integrator, Koordinator |
| **Benennung** | **autoritär** | **patriachalisch** | **informierend** | **beratend** | **kooperativ** | **partizipativ** | **demokratisch** |
| Autoritärer Führungsstil | ⟷ | | | | | | Demokratischer Führungsstil |

Abb. 43: Führungsstilvarianten nach Steinle

(Quelle: Leicht verändert aus Schwarz/et al. 1999, S. 120)

In der Diskussion um Führungsstile gilt es - nicht nur für Soziale Organisationen - zu beachten, dass es einen „besten" Führungsstil nicht gibt; auch nicht jene, die als „kooperativ", „demokratisch" etc. bezeichnet werden, selbst wenn es naheliegend erscheinen sollte, diese Führungsstile für Soziale Organisationen als geeignet anzusehen. Führungsstile sind nicht richtig/falsch, sondern vielmehr angemessen/unangemessen bzw. erfolgreich/erfolglos. Dies sollte schon allein vor dem Hintergrund im Grunde selbstverständlich sein, dass neben der Führungskraft und der geführten Person, immer auch die jeweilige Situation über einen sinnvollen Führungsstil entscheidet.

So überrascht es auch nicht, dass in der empirischen Führungsforschung sich kein Führungsstil als der übergreifend erfolgreichste herausstellen konnte. Die Rahmenbedingungen der Situation, in der geführt wird, spielen eine gewichtige Rolle, genauso wie auch die Person bzw. Persönlichkeit des Führers und des Geführten von elementarer Bedeutung sind. Solche und weitere Überlegungen wurden in komplexere Führungsstilkonzepte wie z. B. dem Reifegradmodell, dem Kontingenzmodell oder dem 3-D-Modell eingearbeitet, auf die im Rahmen dieser kompakten Einführung nur hingewiesen werden kann.[89]

## 7.4 Führung und Kommunikation

Im Alltag vorzieht sich Führungstätigkeit größtenteils über Kommunikation. Dabei haben sich insbesondere die Möglichkeiten anhand derer Kommunikation erfolgen kann, in den letzten Jahren gravierend verändert. Zu denken sei etwa an Kommunikation via Telefon, Video-Konferenzen, Internet, E-Mail, Chat etc. Als Führungsinstrument spielt aber nach wie vor die persönliche Kommunikation, d.h. das persönliche Gespräch zwischen Führungskraft und Mitarbeiter eine dominante Rolle. Allein darauf wird nachfolgend eingegangen.

Im Zusammenhang von betrieblichen Führungsziehungen lassen sich verschiedene Formen von persönlicher Kommunikation unterscheiden.[90]

[89] Vgl. diese und weitere Modelle z.B. bei Weibler (2016).

[90] Vgl. Bröckermann (2000)

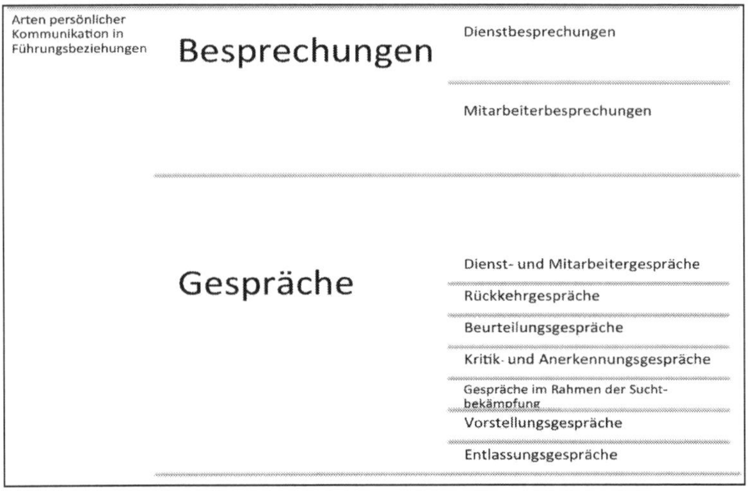


Abb. 44: Arten persönlicher Kommunikation in Führungsbeziehungen

Besprechungen unterscheiden sich von Gesprächen durch die Anzahl der beteiligten Personen, wodurch sich zugleich auch der Grad der Individualität und Vertraulichkeit der Kommunikation bestimmt. Sind in der Regel deutlich mehr als zwei Teilnehmer beteiligt, so handelt es sich um eine Besprechung, wogegen bei zwei oder wenig mehr als zwei Teilnehmern von einem Gespräch die Rede sein soll.[91]

- Bei Dienstbesprechungen soll es sich um Aussprachen zwischen der Führungskraft und allen oder zumindest mehreren Mitarbeitern handeln, wobei die Leitung der Besprechung in der Regel zu den Aufgaben der Führungskraft gehört.
- Die Mitarbeiterbesprechung dient dem gleichberechtigten Gedankenaustausch der Mitarbeiter,

[91] Vgl. Bröckermann (2000, S. 56 u. S. 61)

auch diese wird im Regelfall von der Führungskraft angesetzt und geleitet.[92]

Während im Fall der Besprechungen, insbesondere der Dienstbesprechungen, das organisatorisch strukturierende Moment stark hervorsticht, rückt bei den verschiedenen Varianten von Gesprächen der individuelle Führungsbezug stärker in den Vordergrund. Gegenstand des Gesprächs sind Inhalte, die den Mitarbeiter in Bezug auf seine Tätigkeit in der Organisation persönlich berühren. Auch auf Seiten des Vorgesetzten geht es hier um eine absichtsvolle Kommunikation, die sich nicht an einen größeren Mitarbeiterkreis richtet oder sich um i.w.S. organisatorische Belange dreht.
Für die Variante des Mitarbeitergesprächs (s.o.) kann idealtypisch ebenfalls von einem gleichberechtigten Austausch gesprochen werden, der sich in der Realität häufig nur schwer aufrechterhalten lässt. Die ungleiche Machtverteilung, die z.B. Beurteilungs-, Kritik- oder auch Vorstellungsgesprächen anhaftet, lässt sich letztlich kaum ernsthaft wegdefinieren. Begreift die Führungskraft die (sachlich, konstruktive) Kritik und die leistungsgerechte Beurteilung von Mitarbeitern etc. als *konstitutive* Führungsaufgabe, dann ist der Versuch, die ohnehin vorhandene Machtverteilung auszublenden, auch nicht notwendig. Die nachfolgende Übersicht (Abbildung 45) dient als Orientierungsrahmen und Leitfaden für die verschiedenen Gesprächsarten aus Sicht der Führungskraft.

[92] Bröckermann (2000, S. 56f.)

| Gesprächs-vorbereitung | Gesprächsdurchführung | Gesprächs-aufbereitung |
|---|---|---|
| G.fahrplan<br>G.termin<br>Zeitrahmen<br>Raum<br>Sitzordnung<br>Einladung<br>G.atmosphäre | Begrüßung<br>Information<br>Positiver Einstieg<br>Themen<br>Zeitplan<br>Direkte/indirekte G.führung<br>geschlossene/offene G.führung<br>offen kommunizieren<br>aktiv kommunizieren<br>konzentriert kommunizieren<br>gezielt kommunizieren<br>verantwortlich kommunizieren<br>nicht immer sprechen<br>beruhigen und inspirieren<br>Willen zum Zuhören zeigen<br>Ablenkungen fernhalten<br>Auf Gesprächspartner einstellen<br>Geduld<br>Selbstbeherrschung Fragen<br>versöhnlicher Ausklang<br>Ergebniszusammenfassung<br>Entscheidungen<br>neuer Termin<br>Verabschiedung | - Inhalte schriftlich festhalten<br>- Eigene Zusagen umsetzen<br>- Kontrolle der Zusagen des G.partners |

Abb. 45: Ansatzpunkte für Dienst- und Mitarbeitergespräche (Quelle: leicht verändert nach Bröckermann 2000, S. 62)

**Literaturempfehlung für ein tiefergehendes Studium der in diesem Kapitel behandelten Themen:**

Weibler, J.: Personalführung, 3. Aufl., München 2016

# 8 Finanzierung

Wie vermutlich kaum eine andere Branche zeichnet sich die Sozialwirtschaft im dominanten Bereich der Freien Wohlfahrtspflege durch eine – mitunter verwirrende – Vielfalt von Finanzierungsquellen aus. Es stellt sich daher die Frage nach dem Versuch einer Ordnung dieser Vielfalt.

Anders als in allgemeinen Darstellungen zur Finanzierung von Organisationen/Unternehmen üblich, erscheint es wenig hilfreich für die Sozialwirtschaft auf eine Unterscheidung von Innen- und Außenfinanzierung abzustellen. Obwohl diese Herangehensweise auch für die Sozialwirtschaft natürlich möglich ist, wird eine Unterscheidung nach dem Rechtsstatus der Finanzgeber bzw. der Unmittelbarkeit der Geldempfänger den besonderen Verhältnissen der Sozialwirtschaft weitaus besser gerecht, insbesondere auch weil die Finanzierungquellen sich zu wesentlichen Teilen aus dem Subsidiaritätsprinzip der Wahrnehmung sozialer Aufgaben ableiten lassen.

Allgemein soll daher zunächst danach unterschieden werden, ob es sich bei den Geldern um i.w.S. öffentliche Gelder z.B. in Form von Steuern oder Aufkommen aus der Sozialversicherung handelt oder ob es sich um nichtöffentliche private Finanzierungsquellen handelt.

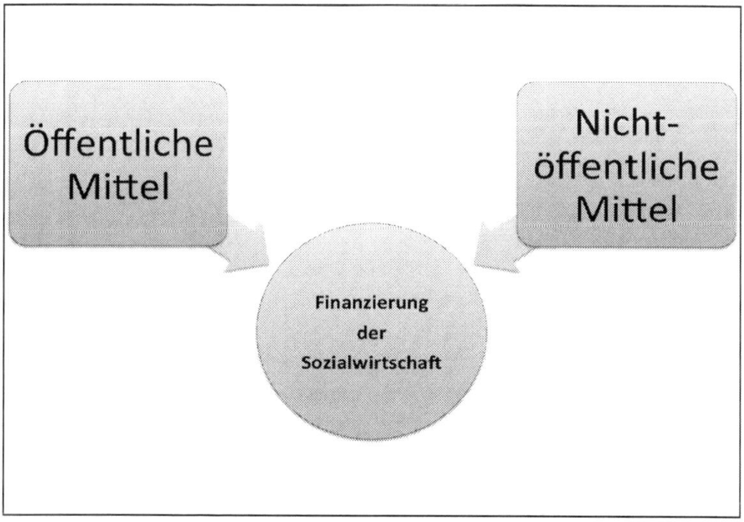


Abb. 46: Finanzierung der Sozialwirtschaft

## 8.1 Direkte und indirekte Finanzierung aus öffentlichen Mitteln

### 8.1.1 Direkte Finanzierung

Direkte Finanzierung liegt dann vor, wenn die Gelder aus öffentlichen Mitteln unmittelbar, d.h. aufgrund einer direkten rechtlichen Beziehung zwischen Kostenträger und Sozialunternehmung an die Sozialunternehmung fließen.

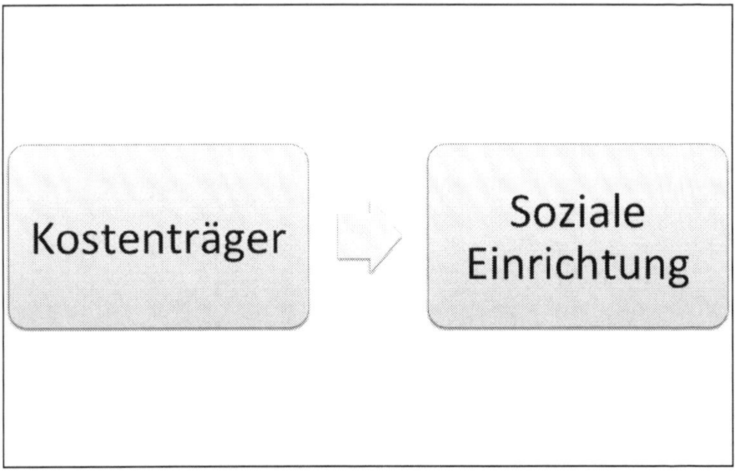


Abb. 47: Direkte Finanzierung

Mit der direkten Finanzierung wird folglich das ´Objekt´, also die Organisation oder der Dienst (z.B. das Jugendzentrum oder der AWO-Kreisverband) finanziert, so dass auch von so genannter Objektfinanzierung die Rede ist. Diese kann im Wesentlichen in zwei Formen erfolgen:[93]

- Finanzierung durch Zuwendungen/Zuschüssen
- Finanzierung auf der Basis von Leistungsverträgen.

*Zuwendungen*

Die Finanzierungsart der Zuwendung stellt die klassische Art der (Re-) Finanzierung von Sozialen Organisationen dar. Der Terminus steht für solche (zweckgebundenen) Subventionen der öffentlichen Hand, die im jeweiligen Bundes- oder Landeshaushalt als Leistungen für nicht-öffentliche Empfänger

[93] Vgl. Halfar (1999)

ausgewiesen sind.[94] Diesen Geldleistungen kann ein Quasi-(Markt-) Preis Charakter zugebilligt werden, da hier – entsprechend der Verpflichtung aus dem Sozialprinzip – durch private Organisationen solche Aufgaben erbracht werden, die ansonsten nicht bzw. nicht ausreichend erbracht werden würden.

Die Zuwendung wiederum kann der Organisation einerseits pauschal aufgrund eines als zuwendungswürdig anerkannten Organisationsziels bzw. –zwecks gewährt werden (institutionelle Förderung). Andererseits kann die Zuwendung aber auch aufgabenbezogen über eine Projektförderung erfolgen. Die nachfolgende Abbildung bietet einen Überblick über mögliche Variationsmöglichkeiten.

---

[94] Zuwendungen sind gemäß § 23 Bundes- bzw. Landeshaushaltsordnung „Ausgaben- und Verpflichtungsermächtigungen für Leistungen an Stellen außerhalb der Verwaltung des Bundes oder der Länder zur Erfüllung bestimmter Zwecke." Zitiert bei Halfar (1999, S. 47).

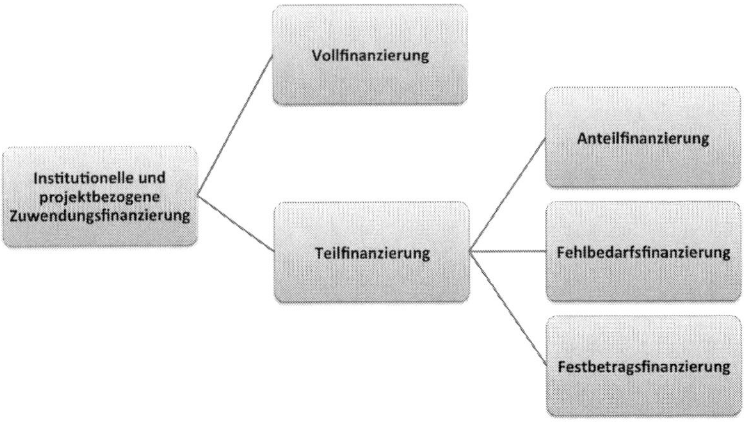


Abb. 48: Zuwendungsfinanzierung

(Quelle: Angelehnt an Halfar 1999, S. 48)

Auf dem Wege der Vollfinanzierung wird dem Zuwendungsempfänger garantiert, dass sämtliche (notwendigen) Kosten übernommen werden. Die Vollfinanzierung stellt jedoch die Ausnahme dar, da regelmäßig davon auszugehen ist, dass der Zuwendungsempfänger auch ein Eigeninteresse an der Übernahme der Aufgabe hat und insofern auch selbst zur Finanzierung einen Beitrag zu leisten hat.[95] Überdies kann eine Vollfinanzierung gewöhnlich auch nur für solche Aufgaben in Frage kommen, die ansonsten nicht übernommen würden. Komplexer gestaltet sich in praxi die Zuwendung in Form der Teilfinanzierung. Verschiedene

95 Halfar (1999, S. 50)

Unterkategorien sind hier zu unterscheiden:[96]

- Im Rahmen der Anteilsfinanzierung besteht eine Variante darin, dass nur bestimmte Kostenarten, z.B. Personalkosten, Raumkosten etc. getragen werden.
- Eine andere Möglichkeit besteht darin, dass der Zuwendungsgeber die Finanzierung bis zu einem bestimmten Prozentsatz der Gesamtkosten zusagt.
- Eine andere Variante kann des Weiteren darin bestehen, dass der öffentliche Zuwendungsgeber seinen Anteil an der Gesamtförderung von der Förderung oder dem Förderungsanteil eines anderen Finanzierungsgebers abhängig macht.

Welches Verfahren letztlich aber in Zuge der Anteilsfinanzierung auch gewählt wird, am Ende wird der maximale Zuwendungsbetrag nach oben hin in jedem Fall begrenzt sein. Für die soziale Organisation besteht damit die Notwendigkeit Eigenmittel einfließen zu lassen oder andere (nicht-öffentliche) Finanzierungsquellen zu erschließen.
Im Falle der Fehlbedarfsfinanzierung wird dem Zuwendungsempfänger zugesichert, dass Kosten, die bei Eintritt eines definierten finalen Ereignisses (Projektende, Ende des Haushaltsjahres etc.) nicht gedeckt sind, durch den Zuwendungsgeber getragen werden. Problematisch gestaltet sich dieses Verfahren insbesondere deshalb, weil hier der Zuwendungsempfänger im Grunde gehalten ist, etwaige

[96] Vgl. Halfar (1999, S. 51)

Rücklagen offen zu legen, um seitens des Zuwendungsgebers sicherstellen zu können, dass die Zuwendung auch tatsächlich nur für den Finanzierungsbedarf genutzt wird, der nicht anderweitig, z.B. durch Eigenmittel abgedeckt werden kann.
Bei der Zuwendungsart Festbetragsfinanzierung schließlich erfolgt die Förderung in Höhe eines (auch nachträglich) nicht veränderbaren Betrages im Sinne einer fix zugesagten Summe. Um die Subvention, d.h. die Zuwendung, zu gewähren, kann dabei staatlicherseits auf zwei Verfahrensweisen zurückgegriffen werden:

- Zuwendung durch Verwaltungsakt (Zuwendungsbescheid)
- Zuwendung durch Vertrag (Zuwendungsvertrag)

Anders als beim klassischen Zuwendungsbescheid erfolgt die Gewährung durch Zuwendungsvertrag streng formell nicht vor dem Hintergrund eines hoheitlichen Hierarchieverhältnisses von Zuwendungsgeber und Zuwendungsempfänger, sondern durch die Vereinbarung eines Vertrages zwischen zwei *formalrechtlich* gleichberechtigten Vertragspartnern. Von einer tatsächlichen Gleichberechtigung auf Augenhöhe kann freilich in der Realität aber nicht die Rede sein. Der Zuwendungsvertrag wird daher auch als „öffentlich-rechtlich dominierter Koordinierungsvertrag" bezeichnet.[97] Elementar und auf der praktischen Ebene unterscheiden sich Zuwendungsbescheid und –vertrag aus der Sicht der Sozialen Organisation nicht wesentlich. In beiden Fällen besteht kein Rechtsanspruch auf Gewährung der Zuwendung.[98] Dass der Zuwendungsvertrag aber dennoch aus der Sicht der Sozialen Organisation attraktiv

[97] Dahme/ et al. (2008, S. 121)

[98] Goetz (2000, S. 14)

sein kann, liegt darin begründet, dass – entsprechendes Verhandlungsgeschick und Verhandlungsbereitschaft vorausgesetzt – es gelingen kann, insbesondere die folgenden Inhalte vertraglich zu vereinbaren:[99]

- Mehrjährige Zuwendungsvergabe
- Übertragbarkeit der Zuwendung auf das folgende Jahr
- Nichtanrechnung von Eigenmitteln auf den Zuwendungsbetrag
- Spezielle Ausgestaltung des öffentlichen Prüfrechts.

*Leistungsvertrag*

Obwohl es sich in beiden Fällen um Verträge handelt, unterscheidet sich der *Leistungsvertrag* grundlegend vom *Zuwendungsvertrag*. Der Leistungsvertrag beschreibt eine privatrechtliche Vereinbarung zwischen einem staatlichen/kommunalen Akteur und der Sozialen Organisation. Der staatliche Akteur kauft salopp formuliert bei der Sozialen Organisation eine (soziale) Dienstleistung ein, so dass sich dieser "Leistungseinkauf" im Kern nicht von anderen Dienstleistungseinkäufen unterscheidet.

> „Im Zuwendungsvertrag wird die Förderung [beispielsweise einer] Jugendfreizeitstätte vereinbart. Der freie Träger ist nicht verpflichtet, diese Einrichtung auch zu unterhalten. Allerdings muss er gegebenenfalls die gewährte Zuwendung zurückerstatten. Im Leistungsvertrag entrichtet die Kommune ein Entgelt dafür, dass der freie Träger die Leistung ´Unterhalt einer Jugendfreizeitstätte´ erbringt. Im Zweifel ist der freie Träger [aufgrund

[99] Goetz (2000, S. 15)

des Vertrages] auch hierzu verpflichtet."[100]

Als privatrechtliche Vereinbarungen müssen Leistungsverträge nicht an die Bestimmungen des Sozialgesetzbuches (SGB) gebunden sein. Der Vertrag bestimmt hier die konkrete Ausgestaltung, in dem insbesondere die Laufzeit des Vertrages, der konkrete Inhalt, die Qualität und der Umfang vereinbart werden. Die Soziale Organisation verwirklicht mit den Leistungsverträgen nicht in erster Linie – wie im Fall der Zuwendungen angenommen wird - ihre eigenen Anliegen, sondern diejenigen des öffentliche Vertragspartners.

Entsprechend stellt sich die Frage, nach welchen Kriterien die öffentliche Hand ihre Vertragspartner aussucht. In vielen Fällen erfolgt dieses durch öffentliche Ausschreibung und Vergabe an den wirtschaftlichsten (nicht: billigsten) Anbieter gemäß den Vorschriften der deutschen und europäischen Vergabe- und Wettbewerbsrichtlinien.[101] Ob und inwiefern soziale Dienstleistungen der Ausschreibungspflicht unterliegen, wird dabei durchaus kontrovers diskutiert.[102]

In wirtschaftlicher Hinsicht sind Leistungsverträge für Soziale Organisationen auch deshalb attraktiv, da es ihnen hier, bei entsprechend effizienter Vorgehensweise, möglich ist, Überschüsse zu erwirtschaften. Die Soziale Organisation hat nur die vertragsgemäße Erbringung der Leistung nachzuweisen,

---

[100] Goetz (2000, S. 17)

[101] Grundsätzlich besteht nur in den Fällen der Grundsicherung für Arbeitssuchende (SGB II) und der Arbeitsförderung (SGB III) eine Pflicht zur Ausschreibung. Jedoch wird in der Praxis auch für andere Bereiche oft auf vergaberechtliches Vorgehen, etwa dem Interessensbekundungsverfahren, zurückgegriffen.

[102] Vgl. z.B. Jasper/ Recke von der (2010)

nicht aber einen Nachweis über die Verwendung der Gelder zu erbringen.

### 8.1.2 Indirekte Finanzierung

Eine indirekte Finanzierung der Sozialen Einrichtung liegt immer dann vor, wenn diese Finanzierung *über* bzw. *aufgrund* von Rechtsansprüchen des Leistungsempfänger/des Kunden erfolgt und daher aus der Sicht der Sozialen Einrichtung indirekt geschieht. Eine solche Finanzierung folgt im Regelfall der Logik des so genannten sozialrechtlichen Dreiecksverhältnisses (s. Kap. 1).[103] Da der Anspruch auf Leistung in diesem Fall beim "Subjekt", d.h. beim Leistungsempfänger liegt, wird diese Finanzierungsform auch als Subjektfinanzierung bezeichnet.

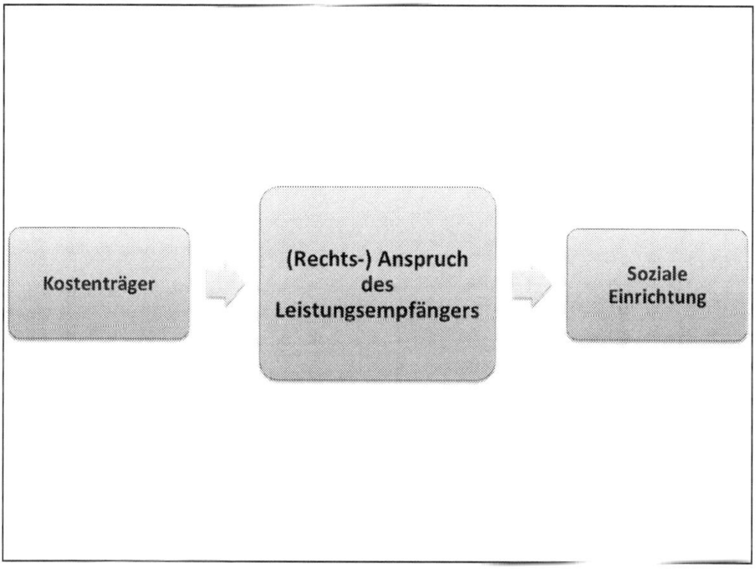


Abb. 49: Indirekte Finanzierung

[103] Ausnahmen stellen z.B. das Persönliche Budget nach SGB IX § 17, Abs. 2 oder auch Bildungsgutscheine nach SGB III § 77 dar.

Charakteristisch für die indirekte Finanzierung sind, mit Bezug auf bestimmte Bücher des Sozialgesetzbuches, Vereinbarungen in Form von

- Leistungsvereinbarungen,
- Vergütungs- oder Entgeltvereinbarungen,
- Qualitäts(entwicklungs)vereinbarungen und
- Prüfvereinbarungen.

Die konkrete Durchführung der indirekten Finanzierung erfolgt auf der Basis einer Leistungsvereinbarung, mit der die Soziale Organisation das Recht[104] erhält, die betreffende Leistung zu erbringen und abzurechnen. Diese Abrechnung wiederum vollzieht sich in Form von Tagessätzen und Fachleistungsstunden. In der Praxis, insbesondere in der Alten- und Krankenpflege, findet sich zudem auch die Bezeichnung „Pflegesatz", was aber eine sprachliche Verengung darstellt, da Pflegesätze nichts anderes als „bewohner- bzw. nutzungsbezogene Tagessätze" darstellen.[105]

Insgesamt lassen sich damit für die indirekte Finanzierung im Rahmen des so genannten „sozialrechtlichen Dreiecks" folgende Entgeltformen unterscheiden:[106]

*Tagessätze (Pauschalen):*

- Im Bereich der Sozialhilfe (SGB XII) werden Pauschalbeträge abgerechnet, die sich wiederum aus Teilbeträgen für Unterkunft und Verpflegung (Grundpauschale), Investitionsbetrag für bauliche

---

[104] Im engeren Sinne handelt es sich um eine so genannte „Konzession".

[105] Halfar (1999, S. 56)

[106] Bieker (2012, S. 206f.)

Anlagen und Ausstattungen (Investitionspauschale) und einer Maßnahmepauschale für Pflegeleistungen und sozialpädagogische Betreuung zusammensetzen.

- In Bereich der Jugendhilfe (SGB VIII) erhält die Soziale Organisation ebenfalls eine Tagespauschale für sozialpädagogische Betreuung, Unterkunft/Verpflegung, Sachkosten etc. (Grundleistungen), wobei hier durch das Jugendamt individuelle Pauschalen für Jugendliche (z.B. heiminterne Ausbildung) für spezielle Maßnahmen nach dem Hilfeplan übernommen werden. Des Weiteren lassen sich Festbeträge für individuelle Projekte, z.B. der Erlebnispädagogik und eine Investitionspauschale für Bauten und Erhaltung abrechnen.
- Im Bereich der stationären Pflege (SGB XI) werden Tagessätze abgerechnet, die je nach Pflegeintensität variieren.[107]

*Fachleistungsstunde*:

- Die Abrechnung auf der Basis von Fachleistungsstunden bezeichnet ein Entgelt auf Stundenbasis, das zur Abrechnung von solchen sozialen Dienstleistungen genutzt wird, bei denen eine Abrechnung auf der Basis von Tagessätzen sinnvoller Weise nicht erfolgen kann.
- Die Bereiche der Anwendung sind vielfältig. Sie reichen z.B. von der ambulanten heilpädagogischen Frühförderung, über ambulante Erziehungshilfen

---

[107] Vgl. ausführlich z.B. Köchling (2004)

bis hin zu Angeboten des „Betreuten Wohnens“ für Menschen mit Behinderung.

- Der Stundensatz der Fachkraft ist der Quotient von prospektiven Jahreskosten (Personal- und Sachkosten) und den Nettojahresarbeitsstunden.
  Als Personalkosten können angesetzt werden: Personalkosten der Fachkraft, angemessene Personalkosten der Leitung und Beratung, angemessene Personalkosten für Verwaltung sowie angemessene Personalnebenkosten, wie Kosten für Fortbildung, Supervision etc.).

  Als Sachkosten können direkte und indirekte sachliche Aufwendungen angesetzt werden, die zur Durchführung der Fachleistungsstunde notwendig sind, wie z.B. Fahrtkosten, Porto/Telefon, Büromaterial, Versicherungen, Miete, Wasser, Strom etc.

- Als Nettoarbeitszeit gilt diejenige Arbeitszeit, die nach Abzug von nicht-klientenbezogenen Zeiten (z.B. Urlaub, Krankheit, Supervision etc.) als Betreuungszeit für den Klienten tatsächlich zur Verfügung steht, so dass basierend auf 52 Wochen im Jahr, bei einer 38,5 Std./Woche etwa von einem Volumen von 1.373 Stunden ausgegangen werden kann.[108]

---

[108] Vgl. Brinkmann (2010, S. 172)

## Das Persönliche Budget

Das Persönliche Budget[109] stellt eine vergleichsweise neue Variante der indirekten Finanzierung im Bereich der Behindertenhilfe dar. Nach SGB IX, § 17 Abs. 2 besteht das Ziel des Persönlichen Budgets darin, „den Leistungsberechtigten in eigener Verantwortung ein möglichst selbstbestimmtes Leben zu ermöglichen."

Anderes als in der traditionellen Variante, in der sich zunächst der staatliche Leistungsträger mit den Leistungserbringern auf notwendige Hilfebedarfe einigen müssen, aus denen der Klient dann quasi (nur) wählen kann, kommen die Bedürfnisse des Leistungsempfängers hier unmittelbarer zur Geltung. Das Niveau der Ansprüche des Leistungsberechtigten gegenüber dem Leistungsträger (z.B. die gesetzliche Krankenkasse) wird durch das Persönliche Budget nicht verändert. Die Veränderung trifft vielmehr die Rolle der Sozialen Organisation. Der Leistungsträger stellt dem Klienten direkt einen Geldbetrag zur Verfügung, den dieser – in einem definierten Rahmen – nach freiem Ermessen zur Deckung seines individuellen Hilfebedarf einsetzen kann (Abb. 50).

---

109 Synonym auch: Personenbezogenes Budget, Personenbezogenes Pflegebudget

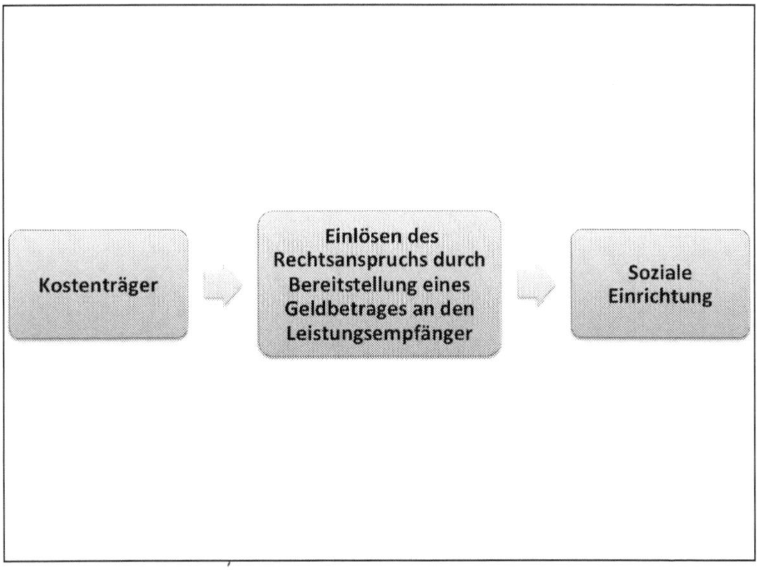


Abb. 50: Indirekte Finanzierung durch das Persönliche Budget

Statt eines Anspruchs auf Sachleistung, den der Klient bei einem Sozialunternehmen einlösen kann, stattet das Persönliche Budget den Leistungsempfänger also idealerweise direkt mit Geld aus.[110] Derart ausgestattet mit tatsächlicher Kaufkraft wandelt sich die Rolle des Klienten. Er wird zum Nachfrager einer sozialen Dienstleistung und bezahlt aus seinem Persönlichen Budget für die Erbringung dieser Dienstleistung. Zwischen dem Leistungsempfänger und der Sozialen Organisation entsteht demnach eine unmittelbare Marktbeziehung, die sich in *dieser Hinsicht* kaum von einer normalen Kaufhandlung unterscheidet. In der Variante des Persönlichen Budgets tritt somit die oben beschriebene Subjektbezogenheit der indirekten Finanzierung deutlich hervor. Insoweit wie die Finanzierungslogik des Persönlichen

[110] Auch Kombinationen von Sach- und Geldmittelausstattung sind möglich.

Budgets weiter vorangetrieben wird und ggf. auch auf weitere Soziale Dienste, etwa die Jugendhilfe übertragen wird, desto gravierender werden auch die organisatorischen Anpassungen der sozialwirtschaftlichen Organisationen ausfallen müssen. Die oben im Kapitel zum Marketing angesprochenen Ansätze der Marktforschung gewinnen in diesem Fall an Bedeutung, wenn Soziale Dienstleister dann ihre Angebote sehr viel stärker an den tatsächlichen Wünschen und Bedürfnissen der Leistungsempfänger ausrichten müssen.

### Gutschein-Modelle

Gutschein-Modelle der Finanzierung sozialer Dienstleistungen weisen tendenziell eine ähnliche Struktur auf, wie die des Persönlichen Budgets. Ähnlich wie im Fall des Persönlichen Budgets werden auch hier die Leistungsempfänger mit einer Quasi-Kaufkraft ausgestattet. Anders aber als im Falle tatsächlicher Kaufkraft - wie beim Persönlichen Budget - erfüllt der Kostenträger seine Leistungspflicht nicht dadurch, dass er den Leistungsempfängern Geldmittel zur Verfügung stellt. Stattdessen werden Gutscheine ausgegeben. Diese Gutscheine können dann seitens des Leistungsempfängers bei bestimmten Leistungsträgern eingelöst werden, d.h. sie werden für soziale Dienstleistungen eingetauscht.

Gutschein-Modelle sind noch vergleichsweise wenig verbreitet. In Deutschland werden Gutscheine insbesondere im Bereich der Kindertagesstätten oder in Form von Bildungsgutscheinen (SGB III, § 77) oder bei der Vermittlung von Arbeitslosen (SGB III, § 421g) als so genannte Vermittlungsgutscheine genutzt.

*§ 421g SGB III Vermittlungsgutschein*

(1) Arbeitnehmer, die Anspruch auf Arbeitslosengeld

oder Arbeitslosenhilfe haben und nach einer Arbeitslosigkeit von drei Monaten noch nicht vermittelt sind, oder die eine Beschäftigung ausüben oder zuletzt ausgeübt haben, die als Arbeitsbeschaffungsmaßnahme oder als Strukturanpassungsmaßnahme nach dem Sechsten Abschnitt des Sechsten Kapitels gefördert wird oder wurde, haben Anspruch auf einen Vermittlungsgutschein. Mit dem Vermittlungsgutschein verpflichtet sich die Agentur für Arbeit, den Vergütungsanspruch eines vom Arbeitnehmer eingeschalteten Vermittlers, der den Arbeitnehmer in eine sozialversicherungspflichtige Beschäftigung mit einer Arbeitszeit von mindestens 15 Stunden wöchentlich vermittelt hat, nach Maßgabe der folgenden Bestimmungen zu erfüllen. Der Vermittlungsgutschein gilt für einen Zeitraum von jeweils drei Monaten.

(2) Der Vermittlungsgutschein wird

1. nach einer Arbeitslosigkeit von bis zu sechs Monaten in Höhe von 1 500 Euro,

2. nach einer Arbeitslosigkeit von sechs bis zu neun Monaten in Höhe von 2 000 Euro und

3. nach einer Arbeitslosigkeit von mehr als neun Monaten in Höhe von 2 500 Euro ausgestellt.

Insgesamt sollen auch mit Hilfe von Gutscheinen die Möglichkeiten, die Wahlrechte und die Selbstbestimmung der Leistungsempfänger gestärkt werden. Ebenso ist auch die grundsätzliche Orientierung am Marktgedanken nicht zu übersehen.

**Sozialraumbudget**

Das Konzept des Sozialraumbudgets geht auf die Kommunale Gemeinschaftsstelle für Verwaltungsmanagement (KGSt) zurück. Es stellt daher i.w.S. ein Ansatz der Verwaltungssteuerung dar. Das Konzept zielt „auf einen wirksamen (ziel- und passgenauen) aber auch wirtschaftlichen Einsatz der Jugendhilfemittel" hin ab.[111] Der Kerngedanke besteht darin, dass die öffentlichen Fördermittel für ein soziales Hilfefeld (z.B. Jugendhilfe, Hilfen zur Erziehung) für einen genau abgegrenzten (i.d.R. kommunalen) Raum, z.B. ein Wohngebiet, d.h. den „Sozialraum", zusammengefasst werden. Diese Bündelung stellt das Sozialraumbudget dar.

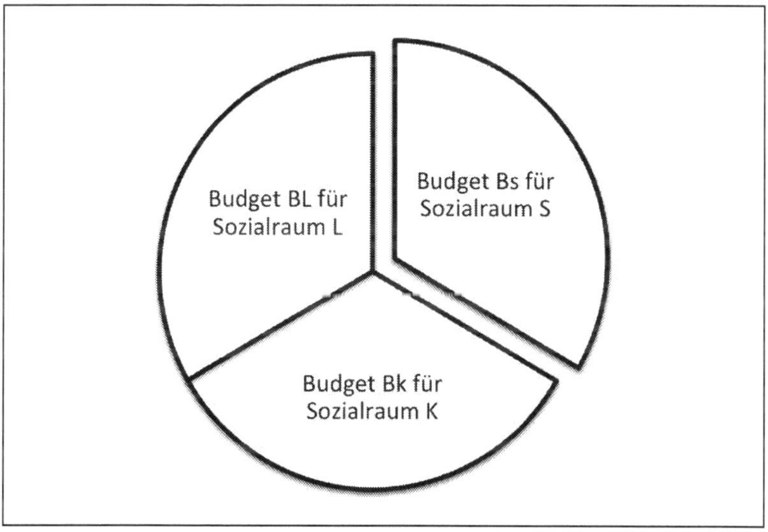


Abb. 51: Sozialraumbudget

[111] Bieker (2006, S. 121)

Der öffentliche Leistungsträger schließt dann mit einer Sozialen Organisation als Träger oder einem Verbund von Trägern eine Vereinbarung dahingehend ab, dass sämtliche Leistungen aus diesem sozialen Hilfefeld für den definierten Sozialraum ausschließlich *von* bzw. *über* diesen Träger in Höhe des gegebenen Budgets (Globalbudget) zu erbringen sind. Das insbesondere fiskale Ziel ist darin erkennbar, dass „Sozialraumbudgets .. den Mängeln der einzelfallbezogenen Leistungsfinanzierung entgegenwirken und Anreize für eine sozialräumliche Umsteuerung [z.B.] der Erziehungshilfen bieten [sollen]."[112] Das Spannungsfeld ökonomischer Budgetierungsüberlegungen und sozialrechtlicher Leistungsverpflichtung wird jedoch deutlich, wenn beispielsweise das für den Sozialraum vorgesehene Budget zur Erfüllung aller Rechtsansprüche nicht ausreicht. Es erscheint äußerst fraglich, ob sich der Leistungsträger mit Verweis auf Vereinbarungen mit dem örtlichen Leistungserbringer im Sozialraum von einer „Nachschusspflicht" bzgl. des ursprünglichen Budgets befreien kann.

## 8.2 Nichtöffentliche Finanzierung

Oben wurden Finanzierungsmöglichkeiten von Sozialen Organisationen vorgestellt, die sich aus öffentlichen Geldern speisen. Im Weiteren liegt nun der Fokus auf Finanzierungsmöglichkeiten durch Mittel aus dem nicht-öffentlichen, also privaten Bereich.

Der Schwerpunkt der Darstellung liegt dabei auf dem so genannten „Sponsoring" und dem „Fundraising" als bedeutsamen, relativ spezifischen nicht-öffentlichen

[112] Bieker (2012, S. 213). Zur Kritik der Sozialraumbudget-Konzeption vgl. z.B. Dahme/ et al. (2008, S. 186f.)

Finanzierungsmöglichkeiten für Soziale Organisationen.

Daneben existieren noch Methoden der so genannten Innenfinanzierung, die als allgemeine finanzwirtschaftliche Ansätze auch nicht-sozialwirtschaftlichen und profit-orientierten Unternehmen zur Verfügung stehen. Im Rahmen dieses Überblicks wird auf diese Möglichkeiten nicht weiter eingegangen.[113]

### 8.2.1 Sponsoring

Den oben beschriebenen, durch einen gewissen Formalismus geprägten Finanzierungsmöglichkeiten kommt das so genannte „Sponsoring" in formeller Hinsicht noch recht nahe. Im Falle des Sponsoring stellt ein (i.d.R.) privater Förderer/Ressourcenbereitsteller – d.h. der „Sponsor" – auf der Grundlage eines Vertrages der Organisation Ressourcen (im Regelfall Geld) zur Verfügung und erwartet im Gegenzug dafür eine marktadäquate materielle Gegenleistung der unterstützten Organisation.[114] Seitens des Gesetzgebers wird unter „Sponsoring" folgendes verstanden:[115]

> „Unter Sponsoring wird üblicherweise die Gewährung von Geld oder geldwerten Vorteilen durch Unternehmen zur Förderung von Personen, Gruppen und/oder Organisationen in sportlichen, kulturellen, kirchlichen, wissenschaftlichen, sozialen, ökologischen oder ähnliche bedeutsamen gesellschaftlichen Bereichen verstanden, mit der

[113] Vgl. dazu die reichhaltige betriebswirtschaftliche Literatur zur Finanzwirtschaftslehre, z.B. Däumler (2002)

[114] Vgl. Urselmann (2009, S. 528f.)

[115] Zitiert nach Urselmann (2009, S. 528)

regelmäßig auch eigene unternehmensbezogene Ziele der Werbung oder Öffentlichkeitsarbeit verfolgt werden. Leistungen eines Sponsors beruhen häufig auf einer vertraglichen Vereinbarung zwischen dem Sponsor und dem Empfänger der Leistung (Sponsoring-Vertrag), in dem Art und Umfang der Leistung des Sponsors und des Empfängers geregelt sind."

Ökonomisch betrachtet bezeichnet das Sponsoring somit eine klassische Markt-Vertragsbeziehung von Leistung und Gegenleistung. Dem Sponsoring haftet daher grundsätzlich keine mäzenatische Beziehung des Sponsoring-Gebers zum Sponsoring-Nehmer an.[116] Den austauschbezogenen Charakter von Sponsoring illustriert auch die folgende Abbildung

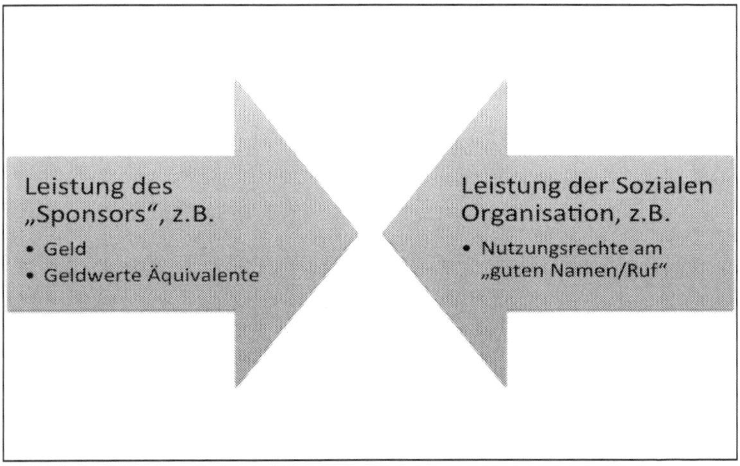


Abb. 52: Sponsoring als Leistungsaustausch

Die (i.d.R. wirtschaftlichen) Gründe für das Handeln der Sponsoren sind vielfältig, stehen aber regelmäßig in einem

---

[116] Urselmann (2009, S. 528)

engen Zusammenhang mit ihrem Marketing bzw. ihrer Öffentlichkeitsarbeit, indem Sponsoren etwa „auf einen positiven Imagetransfer von einer anerkannten und beliebten NPO auf ihr Unternehmen [hoffen].“[117] Die konkreten Zielvorstellungen der beiden Vertragspartner können, müssen aber nicht zwingend, explizit herausgestellt werden. Die folgenden Ziele von Sponsor und gesponsorter Einrichtung lassen sich exemplarisch nennen:[118]

Mögliche Ziele des Sponsors:

- Imageverbesserung
- Suche nach werbegeeigneten Personen und Gruppen
- Suche nach werbegeeigneten Themen und Veranstaltungen
- Vermarktung von Produkten im sozialen Bereich

Mögliche Ziele der Sozialen Organisation:

- Suche nach neuen Finanzierungs- und/oder Sachleistungsquellen
- Suche nach Unterstützungen organisatorischer Art (z.B. Hilfestellungen beim Aufbau eines Controllings)
- Nutzung von Unternehmenskontakten zur Akquisition von Geldern

Die Ausgestaltung der Gegenleistung des Sponsoring-Nehmers können in der Praxis ebenfalls sehr unterschiedlich ausfallen. Sie umfassen etwa Logos des Sponsors auf der Kleidung oder den Fahrzeugen sowie auch die (hervorgehobene) Nennung des

---

[117] Vgl. Vilain (2006, S. 246)

[118] Leicht verändert nach Kolhoff (2002, S. 92)

Namens des Sponsors auf Informationsbroschüren der geförderten Organisation. Je nach konkreter Ausgestaltung der Sponsoring-Beziehung unterliegen dann auch sozialwirtschaftliche Nonprofit-Organisationen der Steuerpflicht aus wirtschaftlicher Geschäftstätigkeit.

### 8.2.2 Fundraising

Wie kaum ein anderer Finanzierungsansatz steht das so genannte „Fundraising" einerseits stellvertretend für eine Besonderheit der Finanzierung von Nonprofit-Organisationen sowie andererseits auch für einen punktuell beobachtbaren Rückzug des Staates als Finanzier sozialer Projekte.

Fundraising bezeichnet das Management von Spendengeldern, wobei unter einer Spende eine freiwillige Leistung ohne eine marktadäquate materielle Gegenleistung zu verstehen ist.[119] Dementsprechend kann „Fundraising" definiert werden als „... die systematische Analyse, Planung, Durchführung und Kontrolle sämtlicher Aktivitäten einer Nonprofit-Organisation (NPO), welche darauf abzielen, alle benötigten Ressourcen (Geld-, Sach- und Dienstleistungen) durch eine konsequente Ausrichtung an den Bedürfnissen der Ressourcenbereitsteller ohne marktadäquate materielle Gegenleistung zu beschaffen."[120] Von Bedeutung erscheint an dieser Stelle vor allem, dass Fundraising nicht allein auf die Beschaffung von Geld hin abzielt, sondern ebenso auch Sach- und Dienstleistungen umfasst.

Da Spender keine materielle Gegenleistung für ihre Spende erwarten, stellt sich die Frage, weshalb die Spende dann überhaupt geleistet wird. Es erhebt sich also die Frage nach

119 Urselmann (1998, S. 13ff.)

120 Urselmann (2007, S. 11), ders. (2009, S. 525). Im Original teilweise kursiv.

dem Spendenmotiv. Die Literatur kennt verschiedene Motive bzw. Mechanismen wie Abbildung 53 verdeutlicht.[121]

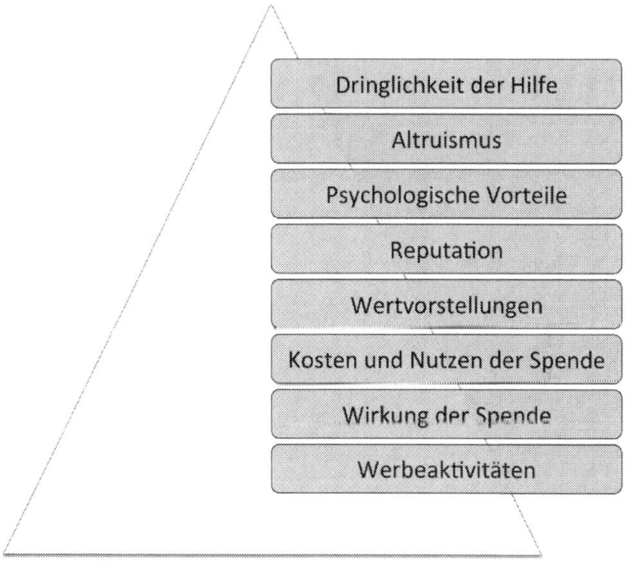


Abb. 53: Spendermotive / Spendenmechanismus

(Quelle: Eigene nach Helmig/Boenigk 2012, S. 171)

- Das Motiv der „Dringlichkeit der Hilfe" besagt, dass die Einschätzung des Spenders, dass Hilfe dringend notwendig ist, dessen Spendenbereitschaft wesentlich beeinflusst. Beispielhaft denke man hier etwa an Umweltkatastrophen.
- Altruismus wird oftmals als das klassische Spendenmotiv angesehen und beschreibt im

[121] Vgl. im Folgenden Helmig/Boenigk (2012, S. 171ff.)

Idealfall den Wunsch, anderen Menschen uneigennützigen zu helfen.

- Das Motiv durch die Spende psychologische Vorteile zu generieren stellt z.B. darauf ab, dass die Spendenhandlung als solche bei dem Spender ein gutes Gefühl auslöst oder potentielle Schuldgefühle beseitigt.
- Da der Akt des Spendens gesellschaftlich positiv bewertet wird, ist es möglich durch das Spenden an positiver Reputation zu gewinnen, sofern der Spendenakt öffentlich wird und z.B. Bekannte, Arbeitskollegen etc. dieses wahrnehmen und positiv aufnehmen.
- Wertvorstellungen beeinflussen das Spendenverhalten des Weiteren zum Beispiel dahingehend, dass eine möglichst hohe Übereinstimmung zwischen den Werten des potentiellen Spenders und den Werten für die der mögliche Spendenempfänger steht, die Spendenbereitschaft steigert.
- Die Kosten-Nutzen Betrachtung stellt auf ökonomisches Kalkül z.B. in der Hinsicht ab zu erforschen, wo personenbezogene Grenzen für eine Geldspende liegen. Des Weiteren werden hier auch einkommensteuerrechtliche Erwägungen, etwa die Abzugsfähigkeit von Spenden im Sinne des § 10b Einkommenssteuergesetzes angestellt.
- Das Motiv der Wirkung der Spende besagt, dass Spender desto eher bereit sind zu spenden, je enger sie den Zusammenhang zwischen ihrer Spende und einer positiven Wirkung bei den Bedürftigen vermuten.

- Schließlich bezeichnet der Spendenmechanismus der Werbeaktivitäten („Solicitation“) „sämtliche aktive Handlungen einer Nonprofit-Organisation mit dem Ziel, Spenden zu akquirieren“, was auf unterschiedliche Art und Weise erfolgen kann (z.B. persönliche Ansprache, Telefonat etc.[122]

Es wird deutlich, dass auch die Spendenhandlung durchaus nicht ohne „Gegenleistung“ erfolgt, wenn auch die Gegenleistung nicht unbedingt durch den Spendenempfänger erfolgt, sondern oftmals einen emotional-psychologischen Selbstbezug aufweist. Es liegt auf der Hand, dass die Erklärung der Spendermotive und ein damit verbundenes Spenden-Management nicht losgelöst von der Art des Spenders erfolgen kann. So werden beispielsweise Privatpersonen aus anderen Gründen spenden als Unternehmen. Es gilt daher verschiedene Spender als Ressourcenbereitsteller zu unterscheiden:[123]

- Privatpersonen (Individual Giving)
- Unternehmen (Corporate Giving)
- Stiftungen (Foundation Support)
- Staatliche Institutionen (Public Support)

Alle vier Gruppen von Spendern können der Nonprofit-Organisation sowohl Geld- als auch Sach- oder auch Zeitmittel zur Verfügung stellen, wobei die Ressource „Zeit“ in Form von ehrenamtliche Arbeit eingebracht wird. Ein erfolgreiches Fundraising ist in der Lage, die jeweilige Ressourcengeber gezielt bzw. adäquat anzusprechen.
Ein professionelles Fundraising-Management kann schließlich

---

[122] Helmig/Boenigk (2012, S. 175)

[123] Vgl. Urselmann (2009, S. 527)

auch in der Form stattfinden, dass das gestaltende und steuernde Moment in der zeitlich abgestimmten Koordination von verschiedenen Spendenarten, von unterschiedlichen Spendern, beispielsweise im Hinblick auf *eine* bestimmte Wohltätigkeitsaktion liegt. Die nachstehende Abbildung verdeutlicht diese Koordinationsleistung.

| | *Geld* | *Sachmittel* | *Zeit* |
|---|---|---|---|
| *Privatperson spenden...* | | | X |
| *Unternehmen spenden...* | X | X | |
| *Stiftung spenden...* | X | | |
| *Staatliche Institutionen spenden...* | | X | |

Abb. 54: Spenden-Koordinations-Matrix

**Literaturempfehlung für ein tiefergehendes Studium der in diesem Kapitel behandelten Themen:**

Halfar, B. (Hrsg.): Finanzierung sozialer Dienste und Einrichtungen, Baden-Baden 1999

## Literaturverzeichnis


Arnold, U. (2009): Sozialmarketing, in: Lehrbuch der Sozialwirtschaft, 3. Aufl., Baden-Baden, Seite 550-600.

Arnold, U./Maelicke, B. (Hrsg.) (2009): Lehrbuch der Sozialwirtschaft, 3. Aufl., Baden-Baden

AWO (2017): Die AWO in Zahlen und Fakten. Abgerufen im Internet unter www.awo.org (28.Aug.2017)

Bachert, R./Pracht, A. (2004): Basiswissen Controlling und operatives Controlling, Weinheim/München

Becker, J. (1998): Marketing-Konzeption: Grundlagen des strategischen und operativen Marketing-Managements, 6. Aufl., München

Bellermann, M. (2004): Sozialökonomie, Freiburg im Breisgau

Bieker, R. (2006): Kommunale Sozialverwaltung, Oldenburg

Bieker, R. (2012): Finanzierung Sozialer Arbeit, in: Management in der Sozialen Arbeit, hrsg. von Bieker, R./Vomberg, E., Stuttgart 2012, Seite 199-221.

Brinkmann, V. (2010): Sozialwirtschaft, Wiesbaden

Bröckermann, R. (2000): Personalführung, Köln

Brühl, R. (2009): Controlling Grundlagen des Erfolgscontrollings, 2. Aufl., München

Bundesarbeitsgemeinschaft der Freien Wohlfahrtspflege (2002): Die Freie Wohlfahrtspflege – Profil und Leistungen, Freiburg im Breisgau

Caritas (2017): Die Caritas als Arbeitgeber. Abgerufen im Internet unter www.caritas.de (28.Aug.2017)

Camphausen, B. (2003): Strategisches Management, München/Wien

Crisand, E. (2001): Psychologische Grundlagen im Führungsprozess, 2. Aufl., Heidelberg

Dahme, H.-J./Schütter, S./Wohlfahrt, N. (2008): Lehrbuch Kommunale Sozialverwaltung und Soziale Dienste – Grundlagen, aktuelle Praxis und Entwicklungsperspektiven, Weinheim/München 2008

Däumler, K.-D. (2002): Betriebliche Finanzwirtschaft, 8. Aufl., Herne/Berlin

Decker, F. (1992): Effizientes Management für soziale Institutionen, Landsberg/Lech

Diakonie (2017): Diakonie Deutschland. Evangelischer Bundesverband. Abgerufen im Internet unter www.diakonie.de (28.Aug.2017)

Dillerup, R./Stoi, R. (2008): Unternehmensführung, 2. Aufl., München

Eichhorn, P. (Hrsg.) (1996): Freie Wohlfahrtspflege in Europa aus betriebswirtschaftlicher Sicht 1. Länderstudien Frankreich, Großbritannien und Italien, Baden-Baden

Eisenreich, T./Halfar, B./Moos, G. (2005): Steuerung sozialer Betriebe und Unternehmen mit Kennzahlen, Baden-Baden

Ehrentraut, O./Hackmann, T./Krämer, L./Plumen, A.-M. (2014): Die Sozialwirtschaft und ihre volkswirtschaftliche Bedeutung, in: WISO direkt März 2017

Flierl, H. (1992): Freie und öffentliche Wohlfahrtspflege, München

Fretschner, R. (2011): Soziales Dienstleistungsmanagement, in: Management und Systementwicklung in der Sozialen Arbeit, hrsg. von Fritze, A./Maelicke, B./Uebelhart, B., Baden-Baden, Seite 74-87.

Goetz, M. (2000): Neue Wege in der Finanzierung freier Einrichtungen und Dienste – vom Zuwendungsbescheid zum Zuwendungs- und Leistungsvertrag, in: Beiträge zum Recht der sozialen Dienste und Einrichtungen, Heft 44/2000, Seite 12-22.

Gourmelon, A./Mroß, M./Seidel, S. (2018): Management im öffentlichen Sektor, 3. vollst. überarbeitete Aufl. (im Druck) München

Halfar, B. (1999): Finanzierungsarten und Finanzierungsformen in der Soziale Arbeit, in: Finanzierung sozialer Dienste und Einrichtungen, hrsg. von Halfar, B. (1999), Baden-Baden, Seite 43-64.

Heinhold, M. (2001): Kosten und Erfolgsrechnung in Fallbeispielen, 2. Aufl., Stuttgart

Helmig, B./Boenigk, S. (2012): Nonprofit Management, München

Homburg, Ch./Krohmer, H. (2017): Marketingmanagement, 2. Aufl., Wiesbaden

Horak, Ch. (1995): Controlling in Nonprofit-Organisationen, 2. Aufl., Wiesbaden

Horváth, P./Partner (2003): Das Controllingkonzept. Der Weg zu einem wirkungsvollen Controllingsystem, 5. Aufl., München

Jahrbuch (2016): Das ist die Sozialwirtschaft. Jahrbuch Sozialunternehmen im Fokus 2016, Wohlfahrt intern, Berlin

Jasper, U./Recke von der Frfr., B. (2010): Ausschreibungspflicht sozialer Dienstleistungen – Kostendruck versus Qualität?, in: Kirche und Recht (KuR) Nr. 480, Seite 105-112.

Köchling, E. (2004): Finanzierung und Recht sozialer Einrichtungen, Hannover 2004

Kolhoff, L. (2002): Finanzierung sozialer Einrichtungen und Dienste, Augsburg 2002

Macharzina, K. (1999): Unternehmensführung, 3. Aufl. München

Maelicke, B. (2009): Grundlagen des Managements in der Sozialwirtschaft, in: Lehrbuch der Sozialwirtschaft, 3. Aufl., hrsg. von Arnold, U./Maelicke, B., Baden-Baden, Seite 703-717.

Meffert, H. (1998): Grundlagen marketingorientierter Unternehmensführung, 8. Aufl., Wiesbaden

Merchel, J. (2010): Leitung in der Sozialen Arbeit, Weinheim/München

Meyer, D. (1999): Wettbewerbliche Neuorientierung der Freien Wohlfahrtspflege, Berlin

Mroß, M. (2008): Strategische Planung und Steuerung der sozialen Unternehmen – Eine Reaktion auf die Marktbedingungen der Sozialwirtschaft, in: Theorie und Praxis der Sozialen Arbeit Heft 5/2008, S. 373-379.

Mroß, M. (2009): Personale Arbeit in Nonprofit Organisationen. Grundlagen – Theorie – Ökonomik, München

Mroß, M. (2012): Organisationslehre für Sozialmanagement und Sozialverwaltung, Bermen

Mroß, M. (2014): Management-Kompetenz und Leitung in der Sozialwirtschaft, in: Theorie und Praxis der Sozialen Arbeit Heft 3/2014

Pothmann, J. (2003): Kennzahlen in der Kinder- und Jugendhilfe, Dissertation Universität Dortmund, Online unter https://eldorado.tu-dortmund.de/bitstream/2003/2910/1/Pothmannunt.pdf (10.02.2014)

Schirmer, U./Woydt, S. (2012): Mitarbeiterführung 2. Aufl., Berlin/Heidelberg

Schneider, J./Minnig, Ch./Freiburghaus, M. (2007): Strategische Führung von Nonprofit-Organisationen, Bern/Stuttgart/Wien

Schwarz, P./Purtschert, R./Giroud, Ch. (1999): Das Freiburger Management-Modell für Nonprofit-Organisationen, 3. Aufl., Bern/ua

Staehle, W. A. (1992): Funktionen des Managements, 3. Aufl., Bern/Stuttgart

Staehle, W. H. (1997): Management, 6. Aufl., München

Steiger, Th./Lippmann, E. (Hrsg.) (2013): Handbuch Angewandte Psychologie für Führungskräfte, 4. Aufl., Berlin/Heidelberg

Steinmann, H./Schreyögg, G. (2000): Management, 4. Aufl., München

Tannenbaum, R./Schmidt, W. H. (1958): R. Tannenbaum, W.H. Schmidt (1958): How to choose a leadership pattern, in: "Harvard Business Review". 36/1958, Seite 95-102

Urselmann, M. (1998): Erfolgsfaktoren im Fundrainsing von Nonprofit-Organisationen, Wiesbaden

Urselmann, M. (2005): Sozial-Marketing, in: Sozialmanagement. Zwischen Wirtschaftlichkeit und fachlichen Zielen, hrsg. von Schubert, H., 2. Aufl., Wiesbaden, Seite 131-145.

Urselmann, M. (2007): Fundraising – Professionelle Mittelbeschaffung für Nonprofit-Organisationen, 4. Aufl., Bern/Stuttgart/Wien

Urselmann, M. (2009): Fundraising, in: Lehrbuch der Sozialwirtschaft, 3. Aufl., hrsg. von Arnold, U./Maelicke, B., Baden-Baden 2009, Seite 525-549.

Vahs, D. (2015): Organisation. Ein Lehr- und Managementbuch, 9. Aufl., Stuttgart

Vilain, M. (2006): Finanzierungslehre für Nonprofit-Organisationen, Wiesbaden

Volkmann, Ch. K./Tokarski, K. O./Ernst, K. (Hrsg.) (2012): Social Entrepreneurship and Social Business. An Introduction and Discussion with Case Studies, Wiesbaden

Wanner, E. (2001): Marketing, in: Kompendium der Betriebswirtschaftslehre, 10. Aufl., hrsg. von Bestmann, U., München/Wien

Weibler, J. (2016): Personalführung, 3. Aufl., München

Weuthen, J. (1990): Systemdynamik der freien Wohlfahrtspflege in Deutschland. Von der altruistischen primären Gruppe zum professionellen sekundären Sytem, Köln

Wöhe, G./Döring, U. (2002): Einführung in die Allgemeine Betriebswirtschaftslehre, 21. Aufl., München

Wöhrle, A. (2003), Grundlagen des Managements in der Sozialwirtschaft, Baden-Baden

Wunderer, R. (2003): Führung und Zusammenarbeit, 5. Aufl., München/Neuwied

Zentes, J. (1998): Marketing, in: Vahlens Kompendium der Betriebswirtschaftslehre, 4. Aufl., hrsg. von Bitz, M./Dellmann, K./Domsch, M./Wagner, F.M., Stuttgart, Seite 329-409.

Zimmer, A./Nährlich, S./Paulsen, F. (2009), Zur volkswirtschaftlichen Bedeutung der Sozialwirtschaft, in: Lehrbuch der Sozialwirtschaft, 3. Aufl., hrsg. von Arnold, U./Maelicke, B., Baden-Baden, S. 117-133

Zimmer, A./Priller, E./Hallmann, Th. (2001): Zur Entwicklung des Nonprofit-Sektors und den Auswirkungen auf das Personalmanagement seiner Organisation, in: Personalmanagement in Nonprofit Organisationen, Schwerpunktheft der Zeitschrift für Personalforschung, Heft 3 2001, Seite 207-224

Zimmer, A./Priller, E./Hallmann, Th. (2003): Zur Entwicklung des Nonprofit-Sektors und den Auswirkungen auf das Personalmanagement seiner Organisation, in: Personalmanagement als Gestaltungsaufgabe im Nonprofit und Public Management, hrsg. von Eckardstein von, D./Ridder, H.-G., München, 2003, Seite 33-52.

Zimmermann, E. (2003): Kommunales Controlling, Wuppertal

## AUTOR

Prof. Dr. Michael Mroß,
Lehrgebiet Sozialmanagement
Fakultät für Angewandte Sozialwissenschaften
Technischen Hochschule Köln
- University of Technology, Arts and Sciences -
Ubierring 48, 50678 Köln
michael.mross@th-koeln.de

29978531R00112

Printed in Poland
by Amazon Fulfillment
Poland Sp. z o.o., Wrocław